KB070867

위험한
관계학

위험한
관계학

송형석(마음과마음 정신과 원장) 지음

청림출판

벽을 허물어야 사람이 보인다

이 책을 읽을 분들 가운데 상당수는 아마도 전작 《위험한 심리학》을 보셨을 것이다. 작년에 썼던 그 책은 분에 넘치는 사랑을 받았다. 읽어주신 분들에게 진심으로 감사한다.

애초 책 제목을 생각한 건 내가 아니라 출판사였다. 제목에 동의했던 이유는 자신의 마음을 안다는 것 자체가 위험한 일이라고 생각했기 때문이다. 자신의 정체를 알고 스스로에게 배신감을 느끼면 극심한 고통이 생겨난다. 나를 알아내는 고통을 이겨내고 받아들이고 극복했을 때 인간은 다음의 정신적 단계로 이행하는 것이다.

따라서 위험한 것은 내 책이 아니라 심리학 그 자체이며, 이 책은 전작의 목표를 그대로 계승한다. 사람들은 자신을 알기보다 타인의 마음을 훔쳐보고 싶어한다. 1권에서는 그래서 내가 타인을 파악하는 법을 그대로 적어놓았는데, 이번에는 타인이 살아가는 방식을 파악하는 법에 대해 이야기하려고 한다. '저 사람이 어떤 타입이다' 라고 얘기한 것이 《위험한 심리학》이었다면, 이 책은 그 사람들이 시간에 따라 왜 그런 성격이 되었고 사람들과 어떤 관계를 만들어가는

가에 초점을 맞춘 것이다. 사람을 파악하는 도구가 조금 더 늘어났으며, 나를 중심으로 한 관계에 대해 얘기하기 때문에 아마 화살이 자신에게 더 많이 향하게 될 것이다. 아마도 세 번째 책쯤 되면 아예 대놓고 자신에 대한 이야기를 하겠지. 아, 얘기가 참신하지 못한 구석이 있더라도 참아주셨으면 한다. 이 책은 어디까지나 내가 사람을 파악하는 방식일 뿐이니까. 뻔해도 어쩌겠는가.

내 책과 내가 글 쓰는 방식에 대해 생각해보았다. 《위험한 심리학》은 사실 '아주 좋은 작품'이라든가 '내 평생의 역작'이라고 말할 만한 책은 아니다. 사실 풍부한 내용, 정확한 증거를 가진 수많은 책이 있지 않은가? 나 스스로도 그 책을 쓴 후에 사람들 앞에 내놓기가 조금 민망했다(나 자신도 얼마나 많은 책들에 혹평을 날리곤 했었는가 말이다).

조금 변명을 하자면, 그 책은 내게 있어 일종의 토로나 대화였다고 생각한다. 그동안 수많은 사람을 만나면서 느꼈던 감정 혹은 꼭한 번 해주고 싶었던 말 같은 것 말이다. 책 쓰는 내내 내 앞에 누군가가 앉아 있다고 생각했다. 때문에 진료를 하면서 길게 설명할 수없어 답답하게 속 끓였던 말들이 많이 나왔을 것이고, 이 점으로 인해 책이 삐딱하게 보였을 거라 생각한다.

또 하나, 내 성격상 정확한 자료를 제시하는 걸 무척 싫어한다. 전공의 때도 논문 쓰는 것을 정말 싫어했는데, 그 이유가 어차피 뻔한 결론 몇 줄을 만들기 위해 몇 달을 실험하고 자료를 뒤지는 것이 시간 낭비라고 느껴졌기 때문이었다. 나는 그저 내가 이해할 수만 있으면 되는 사람이다. 정확한 사고 끝에 정확한 결론을 내리기보다는, 항상 틀릴 가능성을 상정해둔 채 여러 가지 결론을 내리고 나중에 쉽게 수정하는 것이 나의 방식이다.

나의 재능은 확실히 논리적인 서술보다는 순간적인 마음의 변화를 섬세하게 포착하고 알기 쉽게 비유를 드는 데 있는 것 같다. 그래서 이번에도 그냥 잘 하는 걸 하려고 한다.

한국 사람들은 묘한 지점 앞에 서 있다. 건국 이래 최대의 부를 맛보고 있고, 자신을 행복하게 해주는 물질에 취해 살고 있다. 그런데 뭔가 부족하다. 현재 우리는 이런 현상에 대해 '왜 그럴까?' 하고 스스로 의심하는 단계에 서 있는 듯하다. "믿지 않으면 지옥 갑니다"라는 말을 비웃으면서도 받은 전단지를 버리지 못하고 주저한다. 자신을 귀찮게 하면 분노하지만, 사실 그 분노는 정당하지 않다. 자신의 삶에 대한 불안 때문에 화풀이를 하는 것이기 때문이다.

TV의 리얼버라이어티쇼에서는 남의 삶과 마음을 엿보고 싶은 심리가 고스란히 드러난다. 이러한 프로그램을 관음증 운운하며 비판하는 사람마저도 정작 자신의 삶을 제대로 보고 있는지는 미지수다. 실은 누구에게나 자신의 틀은 바꾸기 싫고, 남의 생각만 몰래 읽고 싶은 마음의 벽이 서 있다. 그 벽을 허무는 것이 내 의무라고 생각하는데, 그러려면 이리저리 끼워 맞출 수 있는 얄팍한 심리학적 지식이 아니라, 천천히 그러나 개운치 않은 뒷맛을 남기며 핵심을 찌르는 바늘 같은 말이 필요하다. 내가 책을 쓰는 목적은 그런 것이라고 생각한다.

다시 한 번 집필을 하면서 내가 책을 쓰는 이유를 정리하고 싶었다. '역시 내가 갈 길은 이러한 것이구나' 하는 생각을 하게 된다.

끝으로 누구에게 무슨 감사를 할까 생각해보았다. 응? 별로 감사하지 않은데? 다들 내 말도 안 들어주고, 날 믿어주지도 않았는데.

그럼에도 불구하고 혼자 있을 때만 느끼게 되는, 평소에는 결코 느끼지 못하던 부재가 있다. 보고 싶다고 생각하지 않는데 하루 종일 만날 준비를 하게 되는 이들, 바로 가족이다. 가족은 존재 자체만으로 나를 지탱해준다. 작년 한 해 방송이다 뭐다 바람난 남편을 비교적(!) 관대히 봐주고 스스로를 잘 지켜낸 아내에게 감사한다. 딸 아윤이의 미소에도 사랑을 전한다. 아빠가 아무리 모순에 찬 존재라 할지라도 알아서 잘 커주길 바란다.

내가 지금의 나로 있을 수 있도록 도와주신 어머니와, 곤란할 때 진심으로 자식들의 모자람을 메워주신 장인, 장모님께 감사드린다. 내가 사람의 관계와 심리에 대해 생각하게 된 것은 순전히 부모님의 덕 혹은 탓이다. 그에 감사한다.

카페 'Touch Africa'의 커피와 내 지정석이 없었다면 이 책을 내는 데 훨씬 스트레스가 심했을 것이다. 그곳의 커피 향은 내가 만나본 것 중 가히 최고다.

나에게 상처를 줬던 많은 사람들에게는 인간적으로 감사는 못하겠지만, 덕분에 책 쓸 내용들이 나오게 되었으니 빚진 느낌은 있다. 사실 나를 괴롭힌 사람이 없었다면, 나는 성장하지 못했을 것이다.

물론 상처받은 만큼 나도 누군가에게 상처를 주었다. 그저 인간에게 용서와 자비가 있기를 바랄 뿐이다.

송형석

CONTENTS

1부

우리는 타인과
어떻게 관계를 맺는가?

관계를 맺는다는 게
무엇이지?

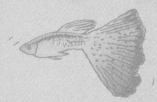

01
당신이 마주하는
사람들

우리는 어떤 식으로 외부와 관계를 맺는가? 어렵게 생각할 것이 아니라 주변 사람들부터 조금씩 탐색해보자.

먼저 내가 있다. 나는 나와 대화하고 관계를 맺는다. 조금 이상하게 들릴지도 모르겠다. 자기 자신은 홀로 있다고 생각하기 쉬우니까. 하지만 보통 인간은 혼자 있는 시간이 되면 자기 자신과 대화한다. 결론을 내리고 그에 대해 비판하고 또 다른 결론을 내린다.

'다중인격장애'라는 것이 있다. 이해하기 쉽도록 예를 들어본다. 이 질환은 흔히 말하는 '귀신들린 상태'와 기의 똑같다. 평소에는 A라는 자신이 있지만 특정상황이 되면 B, C, D 등 안에 있는 수많은 인격들이 나타난다. 그들은 자신이 한참 전에 A 안에 들어왔다고 주장하고 남녀노소 다양한 모습을 보여준다.

다중인격장애를 갖고 있는 사람이 아니더라도, 일반적으로 사람은 순진한 면, 야성적인 면, 사악한 면 등 여러 가지 인격 성향을 지니고 있다. 그러나 대개 사회에서 통용되는 대표적인 성격이 앞에 있고, 다른 성격들은 가정에서나 특정 상황에서만 튀어나올 뿐이다. 아무도 없는 산길이나 외국의 붐비는 거리를 홀로 걸어가 보아라. 자기 자신과 대화한다는 것이 무엇인지 알게 될 것이다.

두 번째로 부모와 내가 있다. 부모와의 관계는 일생을 살아가며 타인과의 관계를 결정하는 기본이 된다. 동성의 부모는 사회에서 윗사람을 상대할 때 본보기가 되며, 이성의 부모는 추후 이성을 대할 때 본보기가 된다. 조부모의 경우 예전 대가족 사회에서는 그 집안의 가치관을 상징하는 역할을 했다가 핵가족 사회 이후에는 영향력이 매우 줄었다. 그러나 꼭 기억해야 할 점은 '할아버지는 아버지의 아버지'라는 사실이다. 조상 때부터 대를 타고 승계되는 습관이나 역학관계가 있는데, 조부모와 부모의 관계를 부모와 나의 관계에 대입하여 생각하다 보면 정리되는 경우가 많다.

세 번째로 형제자매가 있다. 어떠한 위치에서 자라느냐에 따라 그 사람의 성격이 설정될 뿐 아니라, 또래 선후배들과의 관계도 어느 정도 결정이 된다. 그 외에도 사촌이나 가까운 친척 어른의 영향 등을 생각할 수 있는데, 이는 부모나 형제의 개념에서 생각하면 될 것이다.

네 번째로 친구들이 있다. 자신의 기질과 가정에서 만들어진 대인관계 양상을 토대로 드디어 외부의 인물들과 관계를 맺기 시작하면서, 학교 친구들과 동네 친구들이 생긴다. 친구 외에 선후배와도 친분을 쌓을 수 있다.

다섯 번째로 나이가 들어가면서 직장, 학교 등에서 더 폭넓은 사람들과 맺는 관계가 있다. 상사, 후배, 부하, 스승 등이 그 대상이다. 이 관계에서는 조건 없는 애정보다 사회생활에서의 이득이나 편리를 한층 더 중요하게 여긴다.

여섯 번째는 이성관계이다. 남녀 간(혹은 동성 간)의 애정관계는 가족관계와 매우 유사하다. 자신을 모두 보이고 의지하면서도, 이득을 우선으로 생각하는 이중적인 관계다. 결혼 후 맺어지는 서로의 부모형제들과의 관계 역시 이 관계의 연장선상에 있다.

일곱 번째는 이웃으로, 학부모 모임, 건물입주자 모임, 아파트 모임 같은 단체들을 들 수 있다. 최근에는 그 비중이 그다지 높다고 볼 수 없지만, 거주지가 비슷하여 지역적 특색이라든지 일시적으로나마 특정 목표를 공유한다는 점 때문에 명맥이 유지되고 있다.

여덟 번째는 가상의 상대와 맺는 상상의 관계다. 내가 책을 써서 누군가와 대화하는 행위나, 정치인이 아무도 듣지 않는 길거리에서 유세를 하는 것이나, 인터넷 블로그에 '아, 답답합니다. 어떻게 이럴 수가 있나요?'라고 적어놓는 것도 가상의 상대에게 말하는 것이다. 실제 인간을 대하는 것이 아니라 내가 설정한, 내가 생각하는 인간들과 관계를 맺는 셈이다.

최근에는 인터넷의 발달로 이러한 관계가 매우 늘어나게 되었는데, 이는 자신이 그동안 맺어온 인간들과의 경험에서 나온 상상의 대인관계인지라, 자신에게는 무척 진실되지만 편협한 경우가 많다. 처음에 얘기했던 나 자신과의 관계와도 많은 관련성을 가지고 있어서, 스스로 '나는 혐오스럽다'라고 결론을 내리면 무형의 '인류'라는 존재에게도 가혹하게 구는 경우가 많다.

　조금 벗어난 얘기 같지만 나는 내가 키우는 열대어 구피와도 관계를 맺고 있다. 나는 구피가 너울거리는 모습을 보면서 자유로움을 느끼고, 그들은 나에게서 먹이를 원한다. 사람들은 동물의 생김새나 특성을 인간적인 관점에서 해석하며, 마치 동물이 인간과도 같다는 느낌을 받는다. 신도 마찬가지다. 그 대상이 하나님 '아버지'이든, 성 '모' 마리아이든 나의 부모 혹은 주변의 누군가에게 갖는 느낌과 비슷한 감정, 태도로 기도하며 말을 건다.

　그 외에 무엇이 또 또 있을까? 음…. 어떤 사람은 외계인과 사랑에 빠지거나 바위와 사랑에 빠지는 범우주 · 범자연적 대인관계를 맺지만, 글쎄 그건 여기서 다루지 않으려고 한다.

02
왜 타인과 관계를
맺는가

나는 어린 시절 무척 소심한 아이였다. 아버지가 워낙 무서워서 내가 조금만 예의 없는 행동을 하면 버럭 소리를 지르곤 하셨다. 어머니는 나를 아껴주셨지만 항상 아버지 눈치를 보셨다. 집에 들어갈 때마다 항상 답답하다는 생각이 들었다. 친구들 앞에서도 늘 주눅이 들었던 것 같다. 다섯 명이 어울리면 그 뒤를 따라가는 역할은 언제나 내가 맡았다.

그러다가 고등학교 1학년 때 공부도 잘하고 싸움도 좀 하는 창욱이와 친구가 되면서 성격이 확 바뀌게 되었다. 어느 날 시비를 걸어온 녀석을 머리로 받아버렸는데, 집에서는 야단을 맞았지만 창욱이만큼은 나를 칭찬해주었다. 고3 때는 선도부 부장을 했다. 대학생활은 편했다. 원래 방송에 관심이 많았는데 거기에는 나보다 한 술 더 뜨는 녀석들이 많았고, 지금도 그 친구들과 좋은 관계로 지낸다.

어느덧 나는 방송국 PD가 되었고, 결혼해서 아들과 딸을 두게 되었다. 마누라는 나보고 성격이 은근히 꽁하고 잘 삐친다고 하지만, 그래도 우리는 비교적 잘 지내는 편이다.

사실 나이가 든 지금도 여전히 문제는 아버지다. 항상 가족과 어느 정도 거리를 두고 계신 느낌이라 모두들 불편해한다. 그러던 중 어머니에게 아버지가 어떻게 자라났는지에 관한 이야기를 듣게 되었다. 큰아버지와의 관계, 어릴 때 부모님과 떨어져 지냈던 이야기. 나는 내 삶과 아버지의 삶을 비교해보았고 아버지를 조금은 이해했다고 느꼈다.

이후 가끔 아버지에게 이유 없이 전화해서 안부를 묻곤 한다. 아버지도 그렇게 싫어하시지는 않는 것 같다.

이 사람의 일생은 어떠한가? 이어지는 이야기를 더 적고 싶지만, 같은 이야기의 반복일 뿐 아니라 나도 그 이상 살아보질 않아서 아직 감이 잘 오지 않는다. 사실 위에서 묘사한 삶이 내가 이 책에서 하고 싶은 이야기의 모든 것이다. 앞으로의 내용은 아마도 위의 이야기를 조각조각 사례로 인용하여 이어갈 것이다.

20년 전 일기를 꺼내어본 적이 있다. 지금 고민하는 것이나 그때 고민하는 것이나 똑같다는 사실을 깨닫고는 쓴웃음을 짓지 않을 수 없었다. 나는 아무리 노력해도 변할 수 없는 것일까? 본질은 하나도 달라지지 않는 것일까? 달라지지 않는다고 결론을 내린 적도 있지만 지금은 그렇지 않다. 질문은 같을지 몰라도 어릴 때 내가 했던 대답과 지금 하는 대답은 서로 다르다. 가끔은 썩 그럴듯한 대답도 하고 있지 않은가.

한 사람의 어린 시절 경험은 그의 일생에 큰 영향을 준다. 당시 경험에서 느낀 기쁨, 슬픔 같은 감정은 평생을 지배한다. 대부분의 사람은 자신에게 어떤 콤플렉스가 있는지 잘 모르지만, 잘 들여다보면 자신의 행동에는 모두 그만한 이유, 즉 콤플렉스가 작용한다. 이를 해결했다고 생각하는 순간, 어느새 머리 한 쪽에 그것이 다시 똬리를 틀고 있음을 느낄 수 있을 것이다.

이를 극복하려면 자신에게 없는 부분을 외부로부터 받아들여야 한다. 즉, 타인과 관계를 맺는 과정에 해법이 있다. '나는 사람이 필요 없다'며 혼자서 잘해나가고 있다고 생각하는 분도 있을 것이다. 나중에 자세히 얘기하겠지만 그런 분들은 진정 발전을 했다기보다는, 스스로 좁은 울타리에 들어가 문을 잠그고 그럭저럭 견디고 있는 경우가 많다.

일단 사람들과 지내다 보면 혼자라는 외로움을 지울 수 있다. 이는 인간의 본능에 가깝다. 하지만 외로움을 지우기 위해 사람을 만나는 것에는 한계가 있다. 남에게 구걸하는 입장이 되기 때문에 결국 타인이 나를 좋아하지 않게 되기 때문이다.

그래서 그 다음 과정으로 상대가 가진 속성을 내재화시켜 항상 내 안에 있게 한다. 부모가 항상 나와 함께한다는 사실이 확실해지면, 마침내 부모와 나의 분리가 가능해지는 것과 같은 원리다. 이렇게 되면 타인이 없어도 비교적 고독을 견딜 수 있다. 나아가 스스로 발전을 자극한다. 자기 내부에 만들어진 여러 가지 속성들이 서로 대화를 하고 화해하며 다음과 같이 더 나은 결론을 내리기 시작한다.

"나란 존재는 애초 부모님이 지정해주신 지점에서 시작했고 여전히 그 근처에서 살고 있지만, 이후에 만난 수많은 사람들이 내 안에 들어오고 나가길 계속해왔으며 그래서 내가 스스로 문을 닫지 않는 한 앞으로도 계속해서 변해갈 것이다."

03
자기 자신과 사이좋게
지낼 수 있다면

우리 아버지는 이중인격이다. 어린 시절 아버지가 친구 분들을 데려왔을 때, 보란 듯이 내게 용돈도 주고 쾌활하게 웃는 모습에 충격을 받았던 적이 있다. 아버지 친구 분들은 나에게 "너는 아빠 정말 잘 만났다"며 아버지가 얼마나 멋지고 인간성 좋은 사나이인지를 얘기해주셨다.

그러나 딱 잘라서 말하지만, 내가 기억하는 아버지는 집에 들어오면 무표정하고 짜증 내고 맥주만 몇 캔씩 들이키는 분이었다. 나와 놀아주더라도 팔을 꺾고 목을 잡아당기곤 해서 내가 자주 울었다고 한다. 등산을 가더라도 아버지 혼자 앞서가다가 결국 가족들과 따로 집에 온 적도 있다. 부모님 사이가 특별히 나쁘지는 않았지만, 어머니에게 사소한 일로도 화를 잘 내서 항상 집안에 긴장감이 돌았다.

어릴 때는 그게 참 이상했다. 그런데 어제 이상한 소리를 들었다.

나는 내가 항상 쾌활하고 농담도 잘하는 사람이라고 생각했는데, 면식만 있는 한 선배가 "경수, 너 생각보다 말 잘한다"라고 한 것이다. 왜 그렇게 봤느냐고 하니 내가 항상 심각한 얼굴로 다녀서 성격도 그런 줄로만 알았다는 것이다. 의외다. 사실 그 말은 어머니가 내게 자주 하는 이야기가 아닌가.

아마 이런 느낌은 부모에게서 가끔 받아보았을 것이다. 특히 '자기는 제대로 하지 않으면서 나만 야단치고 그래' 하는 원망이 5살이면 생겨나기 시작한다. 인간의 부조리를 느끼기 시작하는 나이이다. 10대가 되면 부모가 바깥에서 보이는 행동과 집에서 보이는 행동, 누나와 나에게 하는 행동에 차이가 느껴지기 시작한다. 그 차이가 너무 심각할 정도여서 화가 날 때도 있다.

그런데 10대 후반이 되면 자신에게도 그런 면이 있다는 것을 느끼기 시작한다. 나는 고등학교 2학년이 되어서야 친구의 지적을 듣고 내가 가족과 전화할 때 부산 사투리를 쓴다는 걸 알았다. 이와 같이 자기 자신이 어떤 사람인가 인식하는 과정은, 타인에게 관심이 늘고 사회적 평가가 이뤄지는 20대 전반에 걸쳐 진행되는 것 같다.

'나'라고 믿는 것은 무엇일까? 자신이 자신이라고 믿는 것도 그저 뇌의 반응일 뿐이라는 얘기가 있다. 예를 들어 다중인격장애나 정신분열증 같은 경우에도 자신과 타인을 구분하는 것이 쉽지 않다. 우리도 실제로 매일 그러한 상황을 경험하곤 하는데, 꿈속에서 나는 이상한 사람이 되어 있기도 하고 자신의 모습을 분리된 상태에서 쳐다보기도 한다. 그러니 결국 현재 말하고 생각하는 자신이 '나'라고 믿는 것도 두뇌의 상태에 불과하다는 것이다.

다중인격장애 환자들은 대개 어린 시절 학대나 성폭행의 경험이 있다고 한다. 성폭행을 당한 사람의 경우, 성폭행 당시 자기 자신이 분리되는 느낌을 받았다는 보고가 많다. 아마 너무 심한 스트레스를 받게 되면 나 자신을 지켜내기 위해 또 다른 나를 만들어 일시적으로 대치를 할 수밖에 없는 것 같다.

보통의 사람들은 이렇게까지 극단적인 상황을 만들 필요는 없을 것이다. 그러나 다중인격장애 환자가 그런 방어기제를 사용한다면 보통의 사람들도 그런 방어기제를 사용하지 않을까? 확고한 하나의 인격으로 고정되지는 않지만, 아는 사람이 옆에서 보면 전혀 다른 두 사람이라고 느낄만한 성격의 변화는 우리 누구나 만들고 있다.

사람의 뇌에 여러 인격이 존재한다고 치자. 영화배우를 보면, 그들이 끊임없이 만들어내는 수많은 인격들이 평소에 비교적 잘 분리되어 있더라도, 때때로 새로이 만들어진 인격이 평소 인격을 침범하여 원래 인격으로 되돌아가기 힘들어 보일 때가 많다. 거칠고 호방한 성격인 어떤 배우는 자멸하는 조폭 두목, 비극적 죽음을 맞는 군인 같은 역할만 맡는다. 처음에는 연기하기 편하다고 생각했겠지만, 갈수록 자신의 원래 성격과 배역의 성격이 공진을 일으키며 '너무' 거칠고 호방한 성격이 될 수도 있다. 나중에는 내뱉는 말이 자신의 것인지, 극중 배역의 대사인지조차 알 수 없어진다. 이 경우에는 원래의 자기 자신에 대한 감각은 살아 있다는 것이 다중인격장애와의 차이이다.

그렇다면 다중인격장애를 어떻게 치료하는가? 책에는 '내부의 인격들을 통합해주어야 한다'라고 보통 적혀 있다. 그게 무슨 말일까? 다중인격 내부의 인격들은 대개 서로 사이가 좋다고 말할 수 없다. 개중에는 어릴 적 피해를 고스란히 받아 완성되지 못한 인격도 있고, 분노로 가득 찬 인격도 있고, 세상을 살아가는 대표적인 인격도 있는데, 이들은 서로 자신만을 고집한다.

이 경우 '사회적으로 자신을 대표하는 자기'를 중심으로 서로 간에 화해와 이해를 모색해야 한다. 일단 모두에게 왜 이렇게 되어버렸는지를 이해시킨 후, 분노한 자아에게는 분노가 무가치함을 이해시키고, 우울한 자아에게는 잘해나갈 수 있음을 주지시켜야 한다. 이런 과정을 거치다 보면 분열된 자아들의 출연이 점점 줄어든다. 그런데 이런 현상은 다중인격장애 환자뿐 아니라 보통의 사람에게도 똑같이 드러나지 않은가?

경수는 사회에서는 상당히 밝은 사람이다. 술자리에서 잘 놀고 일힐 때는 성실하며 갈등이 있을 때는 양보를 잘해 모두에게 인정받는다. 특히 다 같이 힘들게 일할 때도 얼굴에 미소를 띠고 분위기를 살리곤 해 모두들 좋아하는 편이다. 그런데 이번에 좀 고집스러운 부장이 들어온 이후 평소 보지 못했던 면들이 많이 보인다. 이상할 정도로 부장의 지시에 불만을 표시하고, 일굴을 찌푸릴 때가 많다.

"경수 쟤는 부장을 왜 저리 싫어하니? 뭐, 편한 사람은 아니지만 그래도 영 경우 없는 사람은 아니잖아?"

"나도 이상해서 물어봤는데 자기가 왜 싫어하겠냐고, 아주 천연덕스럽게 자신은 누구 싫어하거나 하지 않는다고 하더라. 너무 당당하게 말해서 더 말하기도 좀 그랬어."

"경수가 사람이 좋긴 한데, 항상 그런 것만은 아닌 것 같아."

"왜? 내가 모르는 일이라도 있어?"

"아니, 별거 아닌데 저번에 경수 부모님과 식사할 일이 있었거든. 그때는 이상할 정도로 얼굴이 딱 굳어서 나하고 얘기할 때만 살짝 풀리더라고. 부모님 물음에는 단답형으로 '네' '아니오'라고만 하고."

"음, 그래? 걔가 그런 면이 있었네."

"그리고 의외로 경수가 바람둥이잖아."

"엥? 얼굴은 순진하게 생겨서 할 건 다하네?"

"평소 여직원한테도 잘하잖아. 그런데 헤어질 때는 그렇게 냉정해진다네. 미스 김이 자기 친구에게 너무 잔인하게 대했다고 그리 싫어하잖아."

"에이, 그만하자. 일도 잘하고 괜찮은 친군데. 우린 안 그런가? 괜히 뒤에서 흉보는 것 같아 좀 그렇네."

그렇다. 괜히 뒤에서 흉보는 것 같아 "사람이 다 그렇지 뭐" 하고 끝내고 싶지만, 조금 생각을 달리해보자. 이 경우 역시 내 안에 수많은 내가 있어서 그렇다고 생각해보면 어떨까? 수많은 내가 있는지 없는지를 논하려는 게 아니라, 과연 내 안에 있는 여러 성격들이 서로 잘 '통합'되어 있는지에 관심이 있는 것이다.

별로 어려운 이야기가 아니다. 경수가 가진 여러 성격들이 서로 사이가 좋은지를 생각해본 것이다. 만약 경수가 자기 성격의 면면을 모두 알고 별로 괴리감을 느끼지 않는다면 아무 문제 없다. 설사 타고난 악마라 하더라도 자신의 악행과 생각에 진실로 모순점이 전혀 없다면 내가 별로 도와줄 일이 없다(공권력이 필요할 뿐이다).

하지만 경수는 그렇지만은 않을 것이다. 이상하게 부모님은 서먹하고 부장은 무의식적으로 얄밉다고 느끼지만, 자신의 행동에 대해 인식은 하지 못하고 있다. 왜 여자와 진득하게 연애하지 못할까? 어떤 때는 자책하고, 어떤 때는 자기에게 여자 복이 없다며 자신을 참아주지 못한 여자들을 원망하면서 잠들지도 모른다.

어떤 때는 스스로 무시하고, 어떤 때는 괴로워하지만 방법을 찾지 못하는 '나'들을 어떻게 하면 모을 수 있을까? 좀 낭만적으로 말하자면 '지혜의 소리'를 들어야 한다. 시쳇말로는 '남 말' 좀 들어야 하는 것이다. 남들의 조언을 듣고, 그것에 대해 깊이 생각하며 자신의 것으로 만든 후, 유지하기 위해 노력해야 한다. 서먹한 친구들이 친해지기 쉽지 않듯, 내 안의 '나'들이 서로 친해지고 이해하는 것도 오랜 세월이 필요한, 어려운 일이다.

경수는 그해 직장에서 해고되었다. 남 탓을 하지 않고 자신의 문제를 인정하기엔 자존심이 허락질 않았기 때문이었다. 잠자리에 들 때면 머릿속에서 자연스럽게 타인에 대한 분노가 피어올랐다. 혼자 잔혹한 생각을 하고, 이래선 안 된다며 자책하고, 다시 생각의 유혹에 빠지고 말았다. 떠나고 싶다. 서울에 계속 있다가는 내가 아닌 내가 될 것만 같다. 이 땅의 사람들은 나에게 화만 불러일으킬 뿐이다. 이 기회에 내가 보고 싶은 것을 보고 싶다고 생각하며 경수는 무작정 동남아시아로 향했다.

베트남 하노이는 생각보다 사람들 얼굴이 친숙했다. 하지만 경수는 베트남어를 알아듣지 못했고, 베트남 사람들도 경수의 말을 알아들을 리 없었다. 길거리에는 엄청난 소음과 구름떼 같은 사람들이 존재하지만 경수는 외로웠다. 가끔씩 주고받는 말은 "얼마에요?" "비싸요" "어디에요?" 정도. 그래서 편했다.

하루는 호수를 구경하러 갔다. 며칠 사이 경수는 혼잣말이 늘었다. "아이 젠장, 이거 잘못 샀네" "아냐, 이걸 어디 가서 다시 사겠어. 이 정도면 싼 거라고", "그건 그렇고 저 집에는 뭐가 있나?", "오호! 이거 멋진 걸?"

이미 경수의 머릿속에는 자신을 괴롭히던 생각들이 사라졌다. 그는 며칠 동안 차분해졌다. 괴로운 기억들로부터 해방된 느낌이다.

이 많은 사람들 속에서 자신만이 고립되어 있고, 따라서 할 수 없이 자기 자신과 대화하기 시작한 경수. 그는 예전처럼 인생을 열심히 살지 않는다며 스스로를 비난하는 대화가 아니라 "오늘은 무얼 할까" "서울 가면 운동 좀 하자" 같은 친근한 대화를 하기 시작했다.

인간은 어떻게 성장하는 것일까? 왜 어떤 사람은 예순이 넘어도 철이 들지 못하고, 어떤 사람은 열 살에도 너무나 어른스러운 모습을 보여줄까? 솔직히 이는 개인의 자질문제라고 생각한다. 어린 시절 양육환경이 어땠건 간에 어리석은 자들은 끝내 어리석고 돈이 없고 불행한 삶을 살며, 현명한 자들은 현명하게 산다. 궁금한 것은 원래 어리석은 자가 어떻게 현명하게 변해가는가 하는 점이다.

일단은 이러지도 저러지도 못하는 최악의 상황에 빠져야 한다. 경수는 극단적인 모순에 빠졌다. 자기 자신의 가장 괜찮은 부분은 회사에서 보여준 성실한 모습이었을 것이다. 어떻게 보면 그 모습이 진정한 자신이라고 생각하며 살아왔을 텐데, 어라. 타인은 그 모습을 인정해주지 않는다. 무슨 일이 있었는지는 모르지만 그는 해고되었다. 자, 그는 자신이 여태껏 살아온 삶의 방식, 자신의 태도나 가치관이 잘못되었다는 강렬한 느낌에 부딪힌다. 예전처럼 모른 척하면서 살아갈 수 없는 것이다.

남들처럼 여행을 가본다. 깨달음을 얻기 위해 인도라도 가주면 좋겠지만 어째 인도는 겁난다. 관광 가기는 싫고, 나중에 사업을 할지 모르니 시장조사도 할 겸 조금은 낯선 나라 베트남을 선택한다. 혼자 여행을 가본 분들은 알겠지만 참말 외롭다. 영어마저 잘 통하지 않는 곳이라면 꿀 먹은 벙어리로 있어야 한다. 그나마 현지인들과는 밥 먹고 물건 사고 방 잡을 때 정도만 의사소통을 한다. 삶의 가장 기본적인 문제부터 하나씩 해결해야 하는 것이다. 따라서 쓸데없는 생각 없이 살아남는 것에 대해서만 집중하기 시작한다.

그러면서 서서히 혼잣말이 늘게 된다. 스스로 질문하고 답한다. 꼭 한국에서 있었던 일을 되새기는 것은 아니다. 그저 나 자신과의 대화가 늘어나고 자신의 과거에 대해 생각하기 시작한다. 나에게 관심이 늘어나고 생각이 많아진다. 전 같으면 TV를 보거나 술을 마시고 놀면서 아무런 말도 나누지 못했을 것이다. 혹 가끔 나누더라도 "오늘도 열심히" "이렇게 살아서야 되겠어" 같은 수준의 말만 했을 것이다. 그러나 이국땅에 적응해야 하는 여행 도중에는 서로 협동하고 위로해주는 대화가 이루어질 것이다.

이렇게 돌아온 경수는 아직 회사와 상사에 대한 분노를 완전히 삭이지는 못했다. 하지만 그 사람들 생각만 하지는 않는다. 그는 여행이 준 모호한 즐거움이 쾌감이라는 것을 알았다. 언젠가 다른 곳을 가봐야겠다고 결심한다. 그리고 단언할 수는 없지만 스스로가 약간 변했다는 느낌을 갖게 된다.

이런 경험은 여행을 통해서만 얻는 것이 아니다. 주인공이 새로운 환경을 접한 후 새로운 경험과 가치관을 받아들인다는 이야기는 너무나도 흔하다. 이 과정에서 주인공은 여태껏 지녀온 자신의 요소들이 부적합했다는 것을 깨닫고 새로운 자신을 탄생시킨다. 자신이 가진 인격요소들이 서로 싸우기도 하고, 타협하기도 하면서 전과는 약간 다른 느낌을 가진 사람이 되어간다. 그러려면 평소 낯선 곳이나 낯선 관계를 두려워하지 말아야 한다.

자신의 인격들이 스스로를 긍정적으로 보고 미래를 믿어주고 위로한다면, 삶에서 점점 모순점이 사라지고 평온한 상태가 될 것이다. 자기 자신과의 관계가 좋아졌다는 말은 그런 상태를 의미하는 것이 아닐까. 이런 상태에 이르는 것이야말로 삶의 목표로 충분하다고 생각한다.

04

좋은 관계, 나쁜 관계, 이상한 관계

부모는 아이에게 필요한 것을 주기도 하지만, 필요한 것을 주지 않아 결점을 만들기도 한다. 그러한 결점이 콤플렉스가 되는데, 이는 집착과 괴로움의 원인이 되기도 하고 역으로 집념이나 의지를 형성하는 계기가 되기도 한다.

양육을 완벽하게 하면 사람이 완벽하게 자랄까? 완벽한 양육이 오히려 몇 퍼센트 부족한 인간을 키워내는 것을 보면 그것도 아닌 것 같다. 불완전함이 무언가를 갈구하게 만들고, 이것이 새로운 발전을 이뤄나가는 원동력이 된다는 사실. 바로 이것이 인간 삶의 원리가 아닐까 싶다.

인간의 성격이 고정되는 10세 정도면 슬슬 콤플렉스가 두드러지기 시작한다. 콤플렉스는 쉽게 말해 약점이든 강점이든 내가 집착하는 부분을 말한다. 이를 해결하기 위해, 즉 자신의 부족함을 메우거나 장점이 충분히 발휘될 수 있도록 인간은 타인과의 관계를 시작하게 된다. 나는 이것이 인간관계의 기본원리라고 생각한다.

자신의 결핍이 메워지거나 나 자신이 인정받거나 그러다가 의도치 않게 타인의 좋은 점을 많이 흡수하거나 반대로 나쁜 점들이 공명을 일으켜 더 악화되거나 하는 것이 인간관계의 일반적인 모습이다. 당연한 이야기지만 자신이 원하는 게 잘 이뤄지지 않으면 그 관계는 다시 깨지게 된다.

민우는 왜 진희처럼 부산스런 여자를 좋아할까? 민우 말로는 자기가 좀 숫기가 없어서 밝고 구김살 없는 그녀가 좋다고 한다. 자신의 부족한 점을 메워줄 것 같다는 것이다. 반대로 진희는 자신이 너무 호들갑스러워서 평소 가볍다는 지적을 많이 받기 때문에, 진지한 민우가 끌린다고 한다. 글쎄, 내가 보기엔 소심한 남자와 부산스런 여자의 만남일 뿐인데.

결혼 후 민우와 진희는 점점 갈등이 심해져 갔다. 나중에 대화를 해보니, 민우는 그녀가 밝아서 자신을 보완해줄 거라고 생각했는데 생활할수록 그저 아무 생각 없는 여자로 보인다고 했다. 진희는 민우가 진지하고 이성적일 거라고 생각했는데 그저 잔소리꾼이라는 사실을 깨달았다고 말한다.

자신의 결핍을 메우고자 하는 경우다. 자신이 만나는 대상이 내 부족함을 보완해줄 것이라 기대하는 것은 당연하다. 내가 돈이 없으면, 부자들은 모두 행복해 보인다. 부유한 편인데 가족 문제가 심각

하면, 가난해도 행복했으면 좋겠다고 생각한다. 내게 없는 것은 항상 부럽고 화려하게만 보인다. 그러나 상대를 소유했다고 해서 상대의 속성이 내 것이 되지는 않는다.

　　진희 어머니는 딸 친구들이 마음에 안 든다. 딸이 성적도 좋고 잘사는 집 친구들을 사귀면 좋겠는데, 항상 공부도 못하고 자기 말이 먹히는 애들만 데리고 다니는 것처럼 보인다. 하지만 진희는 그런 엄마가 못마땅하다. 공부 잘하는 애들은 답답하다. 게다가 나쁜 친구랑 다니는 것도 아니고 그저 말 통하는 친구를 사귈 뿐인데. 하지만 엄마가 보기에는 어릴 때부터 고집 센 딸이 자기 맘대로 할 수 있는 아이들만 친구로 선택하는 것처럼 보여 못마땅하다.

　　그러던 어느 날 진희는 무척 화가 났다. 수연이가 갑자기 "너 짜증나"라고 한 것이 시초였다. "왜 너는 네 맘대로 하려고 하는데?"라며 자신이 그동안 많이 참아왔다는 것이다. 진희도 수연이가 좋게 보인 것만은 아니었다. 진희가 어떤 주장을 하면 은근히 "난 그렇게 생각하지 않아"라고 하면서 딴죽을 걸었던 게 어디 한두 번인가. 이런 식으로는 안 된다. 절교다.

　　자신의 장점을 강조하고 싶은 경우다. 아마 어머니의 눈이 맞을 것이다. 진희는 사실 자기 마음대로 할 수 있는 대상, 자기주장이 잘 먹히는 친구 위주로 사귀고 있다. 수연이와 절교한 사실을 어머니에게 얘기하면 아마도 어머니는 "걔가 맞는 소리 했네" 할 것이다. 그리고 살아가면서 한두 번 정도는 더 그런 얘기를 듣게 될 것이고, 20

년이나 지나서야 진희는 자신이 어떤 인간인지 감을 잡게 될 것이다.

진희는 자신의 취미를 이해해주는 사람을 처음 만났다. 코스프레
코스튬 플레이costume play의 약자로 만화나 게임의 등장인물을 모방하는 놀이라 하면 어딘가 반
아이들 사이에서도 좀 별나게 보는 편인데, 이번에 만난 영주는 말
이 정말 잘 통한다. 애니메이션 취향은 물론 성격도 비슷한 것 같다.

시간이 흘러 둘은 대학교에 진학했고, 이후 오랜만에 재회하게
되었다. 영주와 만나고 집에 오면서 진희는 생각했다. 고등학교 때
는 그렇게 친했는데 왜 오늘은 이렇게 서먹했을까? 어릴 때는 학교
얘기, 공부 얘기, 코스프레 얘기하면서 놀았는데, 어쩐지 어색한 진
로 얘기만 하다 헤어진 것 같다. 즐거웠던 코스프레도 이젠 추억으
로만 얘기하는 나이가 되어버렸다.

앞의 이야기의 연장선상에서 장점이 공명을 일으키는 경우이다.
사랑, 우정 같은 감정에 걸어놓은 환상을 깨기란 힘들다. 따라서 서
로가 타산적인 이유로 얽혀 있다고 생각하고 싶지 않다. 하지만 시
간이 지나면 그렇게 친했던 사이도 너무 쉽게 멀어진다. 물론 그렇
게 친했던 사이는 조금만 노력하면 원상복귀가 되기도 한다. 그게
희망이라면 희망이겠지만.

진희는 이번 입사 때 정후가 도와줘서 참 고맙다는 생각을 했다.
정후는 솔직히 아주 친한 친구는 아니었다. 그저 리포트를 쓰거나 동
아리활동을 할 때 '참 괜찮은 친구구나'라고 생각했고, 종종 '쟤한테

저런 점은 배워야겠구나' 하는 마음을 먹었던 정도였다. 그런데 이번 일로 느낀 점이 많다. '나도 가끔은 주변 사람에게 최선을 다해 베풀어야지' 하는 생각이 들게 된 것이다.

의도치 않게 좋은 영향을 흡수하는 경우다. 어떤 사람에게 호감을 느낀다고 해서 꼭 친해지지는 않는다. 이성 간에 참 괜찮은 사람이라 느끼면서도 그냥 스치는 인연이 되기 일쑤인 것처럼. 하지만 그 사람의 훌륭한 성품은 꼭 사랑하는 사이가 되거나 같이 놀러다니는 관계가 되지 않더라도, 상대에게 감동을 주고 영향을 미친다.

영철 어머니는 애가 초등학생 때는 정말 착했는데 중학교 올라가서 나쁜 친구들을 만난 후 변했다고 생각한다. 그저 활달하고 사교성 좋은 아이였는데, 명수라는 이상한 녀석을 사귀더니 엄마에게 대들고 집을 나가기도 했다. 그런데 명수 어머니를 만나보니 그녀도 명수가 영철이를 사귀어서 애가 이렇게 되었다고 생각한다.

나쁜 면이 공명을 일으키는 경우다. 사실 이와 같은 관계는 비슷비슷한 녀석들끼리 모여서 만든 것일 뿐이다. 자신의 나쁜 충동을 받아줄 수 있는 서로를 만났을 때 편하다고 느꼈고, 집단심리의 영향으로 죄책감이 줄어들자 금지된 행동을 쉽게 할 수 있었던 것이다. 좋은 친구를 만났다면 더 좋았겠지만, 사실은 그 아이의 도덕성이나 충동성에 원래 문제가 있었다는 것을 어머니들은 알고 있어야 한다.

위의 예시들은 관계란 필요에 의해 이루어지는 것이며, 얻을 수 있는 것이 없어지거나 얻을 수 있다는 자신의 생각이 착각임을 느끼는 순간 사이가 멀어진다는 사실을 보여준다.

물론 사람의 관계가 원하는 것을 주고받는 것뿐이라고 말하는 것은 어딘가 껄끄럽다. 좀 더 복잡한 요소, 즉 신뢰나 애정 같은 문제도 있을 것이다. 그러나 그런 이야기는 많이들 하지 않았나? 인간관계가 건조한 수학적 원리에 따라 움직인다고 생각해보자(딱 한 번만 해보자. 한다고 안 죽는다). 역설적인 방법으로 자신과 타인을 바라보다 보면 내가 모르던 관계의 이면을 느낄 수 있다.

2부

인간관계의
다양한 얼굴들

1장

인간관계의 모든 시초는
부모와 나 사이에서
벌어진다

자..!
이제그만
일어나시죠!

01
모든 인간관계의 근원
_ 부모와의 관계

옛날 사람들은 머리카락 한 올조차도 부모에게 물려받은 것이라 하여 함부로 하기를 꺼렸다. 그 시대의 효孝 정신에 불만이 있는 것은 아니지만, 나의 몸은 온전히 부모님이 주신 것만은 아니다. 우리가 물려받은 것은 정자세포 하나와 난자세포 하나에 들어 있는 유전정보이다. 양보해서 내가 2.9kg으로 태어났으니 그만큼의 질량은 어머니께서 주신 것이라 하자. 그렇다면 지금 88kg씩이나(급우울 ㅜㅜ) 되는 나의 육체는 무엇으로 이루어진 것일까?

그것은 아마도 전에는 돼지였을, 소였을, 풀이었을, 세균이었을, 흙이었을 탄소와 수소 등의 물질이다. 내 몸을 이루는 것들이 공룡을 포함한 수많은 생명과 무생물을 거쳐 내가 되었다고 한다면 약간의 신비감도 느껴진다. 조금 더 나아가 나의 몸을 이루는 물질들은 최소 지구가 생겨난 50억 년 전부터 존재하던 것이라고 생각하면 모든 것을 버리고 도를 닦아야겠단 생각마저 든다.

현대의학이 발달하면서 유전자의 중요도는 절대적인 것이 되고 있다. 인간에 대한 판단도 모두 유전자에 기인한다. 원래 타고 나서 그렇단다. 하지만 최근에는 유전자 못지않게 양육의 중요성을 높이 평가하는 분위기가 생겨났다. 전에는 인간의 사사로운 행동과 양육 방식을 수치화하기 힘들어 비과학적인 토론거리 정도로 취급했는데, 이제는 컴퓨터로 통계적 결론을 낼 수 있게 된 덕분일 것이다. 이에 따라 잘못된 편견이 수정되는 경우도 많아졌고, 의심받던 고정관념이 정당성을 찾는 경우도 생기고 있다.

태어날 당시 사람의 머리에는 아무것도 적혀 있지 않았다. 기본적인 CPU와 하드드라이브, 램, 랜카드, 그래픽카드 등이 설치된 컴퓨터를 떠올리면 된다. 먹기, 자기, 싸기 같은 아주 기본적인 기능 외에는 제대로 된 프로그램이 없는 상태인 것이다. 아기들은 타인과 관계를 맺으면서 여러 가지 반응이나 행동을 보고 몸에 익힌다. 머릿속의 수많은 생각과 성격은 타인을 보고 모방했거나 반대로 타인을 회피하면서 만들어지는 것이다.

그러한 인간관계의 모든 시초는 부모와 나 사이에서 벌어진다. 부모는 인간으로서의 기본적인 태도와 성향을 머리에 깔아주신다. 나의 머리에 도스DOS를 깔아주기도 하고, 최신 윈도Window를 깔아주기도 한다. 과분하게도 최신 윈도7을 깔아주느라 수고하는 부모도 있다.

어쨌든 그리하여 내 머리는 사고의 기본적 경향을 만들어간다. 부모가 나에게 무관심하면 '나는 원래 인생이 이런가 보다' 하면서 멍한 표정을 지을 것이고, 부모가 소리를 지르며 자주 금지를 하면 나는 '부모님 앞에서는 조심해야겠구나' 판단하게 되고, 동생이 까불면 부모님 흉내를 내며 소리를 지른다. 어린 나이에도 부모가 받아들이기 힘들 만큼 거부감이 드는 행동을 하면 적극적으로 그들을 싫어하는 태도를 보이기도 한다.

부모가 아이를 정서적으로 편안하게 하고 장점을 많이 칭찬해준 경우, 그 아이는 친구와의 관계도 대개 무난하다. 꼭 활동적이고 사교적인 성격이라서가 아니라, 그림을 잘 그리든 운동을 잘하든 얼굴이 예쁘든 다른 사람 앞에서 당당할 수 있는 뭔가를 가진 아동은 사람을 대할 때 무력하지만은 않다는 얘기다. 반대로 머리 좋고 재주 많은 아동이라 할지라도 부모가 잘 인정해주지 않거나 가정불화가 심한 경우, 아이는 친구와의 관계도 어색해한다. 능력이 많은데도 항상 주눅이 들어 있거나 친구와 싸우기 급급한 아이들을 주변에서 많이 볼 수 있지 않은가.

아이들의 양육을 부모가 분업해서 한다고?

■ 어느 정도는 농담으로 하는 이야기지만, 부모에게 아이들을 양육할 때는 학대를 하더라도 아버지, 어머니가 같이 해야 한다고 할 때가 있다. 이렇게 말하면 꼭 "그러면 봐주지 말고 저도 같이 때리란 말인가요?" 하고 되묻는 분들을 볼 수 있는데 알아서 판단하기 바란다. 물론 부모 간의 차이는 분명히 존재해야 하

지만, 이를 넘어선 통일성이 없다면 아이에게는 매우 심한 스트레스가 가게 된다.

　전통적인 성역할에 따르면 아버지는 관여를 많이 하지 않지만 확실하게 절도, 절제, 도덕, 성실 같은 가치를 가르쳐야 하며, 어머니는 주로 아이들과 붙어 있으면서 직접적으로 인간관계, 애정, 관용 등을 가르치게 된다. 대개 서로의 영역을 조금씩 도와주며 양육을 하게 된다. "저희 집은 완전 분업체제인데요?"라고 말한다면 당연 실패다. 직원 두 명인 사업체에서 무슨 분업.

　그런데 만약 부모가 서로의 가치관을 비난하면 어떻게 될까? 아버지가 "너희 엄마가 좀 쪼잔하잖니. 우리끼리 몰래 먹고 가자"라고 한다든가, 어머니가 "너희 아빠는 너무 게을러. 아빠 믿고 있다간 이번에도 휴가는 땡이야"라고 말하는 정도는 괜찮다. 아이도 동의하고 평소에 농담으로 할 수 있는 수준의 이야기라면 상관없다.

　그러나 상대 앞에서는 말을 못하고, 뒤에서 자식에게만 몰래 말하는 경우 문제가 된다. 같은 이야기라도 짜증내는 투로 "너희 엄마는 쪼잔하잖니. 너는 엄마 닮으면 안 된다. 우리끼리 먹고 가자. 집에 가서 절대 말하면 안 돼"라고 하거나 "너희 아빠는 게을러 빠졌잖아. 너나 너희 아빠나 하는 짓이 똑같아요. 이번에도 나 혼자 알아서 해야지, 이래서야 휴가 가겠니?" 하는 분위기가 되어서는 곤란하다. 이는 서로 대화가 되고 있지 않다는 증거이며, 설득이 안 되니까 자식을 자기편으로 끌어들이려고 하거나 아니면 자식도 한 통속으로 몰아서 자신을 정당화시키려는 행동에 불과하기 때문이다.

　이럴 때 자식의 입장은 어떨까? 아이의 머릿속에는 아까 말한 성실, 애정, 절도 등의 개념이 '아빠처럼 성실' 혹은 '엄마처럼 사랑' 같은 개념으로 자리를 잡는다. 그런데 머릿속의 그러한 개념들이 서로 공격하고 헐뜯는다면 어떻게 될까? 소위 말하는 '정신'이 '분열'되는 상태가 된다. 부모가 서로 사이가 좋지 않아 서로를 헐뜯고 있을 때 자식들이 그 상황을 견디는 것은 무척 힘든 일이다. 오랫동안 이런 상황에서 커온 아이들은 아무 생각 없이 멍하게 지내거나, 게임, 운동 같은 무언가에 몰두하며 크는 경우가 많다.

부모 간에 항상 의견이 일치될 리는 없다. 사실은 서로 간에 의견이 다른 것을 어떻게 합의하고 풀어가는지 아이들 앞에서 보여주는 것도 훌륭한 교육이 된다. 아이들 앞에서 당장 좋은 모습을 보여주지 못한다면 일단 어느 정도 상대에게 동의해준 다음, 나중에 좋은 타이밍을 봐서 솔직한 본인의 생각을 얘기해야 한다. 그리하여 통일된 의견을 유도해내기만 한다면 좀 시간이 흘렀다고 해도 상관없다.

자, 이제부터는 부부의 조합 자체가 불균형을 이루고 있어서 가족 간에 좋은 영향을 주기 힘든 경우들에 관하여 살펴보자.

02
강한 아버지와
약한 어머니의 경우

아버지와 어머니 간에 세력이 균형 잡힌 경우에는 대개 관계가 무난하다. 그러나 어느 한쪽이 지배적인 성향을 가지고 있으면 부부 서로 간에는 적응이 된다 하더라도 그들을 모방하며 자라나야 하는 자식의 경우 이러지도 저러지도 못하는 딜레마에 빠지게 된다. 남녀 간에 기질적 차이가 있는 것은 당연하지만, 전통적으로 알려진 남녀차이라는 것에는 분명 상-하, 지배-순종의 이미지가 배어 있다. 이성과 평등을 바탕으로 성립되는 현대사회에서는 남녀 간의 관계가 재설정되어야 하나, 아직 사람들은 기존의 남녀관을 바탕으로 가족을 구성한다.

일단 맨 처음 살펴볼 예는 집중력에 문제 있는 남성을 중심으로 이뤄지는 가족이다. 이들은 처음엔 큰 문제가 없는 듯이 보이다가 서서히 붕괴의 조짐을 드러낸다는 점에서 매우 흥미롭다.

집중력장애를 가진
아버지

■ 집중력장애에 대해서는 전작에서도 어느 정도 얘기한 적이 있다. 집중력이 부족한 사람은 전체 인구의 15퍼센트 정도에 해당하는데, 성인이 된 후 집중력이 없다기보다 특정 성격으로 변할 때 더 큰 문제가 된다. 사실 특정질환군을 부모의 한 예로까지 들어야 할까 조금 고민했지만, 실제로 상담을 해보면 전체 인구의 15퍼센트 정도나 되어서 그런 것인지 이것이 유용하게 적용될 때가 무척 많다.

먼저 집중력에 문제 있는 사람들의 특성을 정리해볼 필요가 있다. 첫째로 이들은 잘 참지 못한다. 자신이 좋아하는 일은 이들도 잘한다. 다만 전두엽에서 자신의 충동을 억제하는 것이 좀 힘들 뿐이다.

사람의 뇌 구조를 간단하게 이해해보자. 뇌의 중심부에 위치한 척수에 가까운 부분은 동물적인 부분이다. 뇌의 겉을 둘러싼 회백질 부분으로 가면 뒤쪽은 시각을 담당하고, 위쪽은 언어, 몸 움직임, 감각 등을 담당한다.

중요한 것은 전두엽이라 불리는 앞쪽 부분인데 이 부분이 충동을 억제하여 우리가 성격이라 부르는 특징을 만들어낸다. 따라서 전두엽의 조절기능이 약해지면 하고 싶은 일을 참는 것이 힘들어져서 불쑥 불쑥 일을 저지르고 만다. 그래서 전두엽이 아직 완진히 발달하지 못한 아이나 청소년의 충동성이 높은 것이다. 가만히 있지 못하고, 만지고 싶으면 만져야 하고 가고 싶으면 가야 한다. 그러다 보니 옆에서 보면 남의 눈치를 보지 않는 사람으로 보일 수 있다.

정수네 가족은 오랜만에 미술관에 갔다. 아직은 어려서 그림이 잘 이해되지 않는 정수는 심심한 표정이 역력하다. 오히려 신난 것은 아버지다. 평소 책에서만 보던 프랑스 인상파의 그림들이 신기하기만 하다. 정수 아버지는 자기도 모르게 그림에 손을 대려고 한다. 이미 저쪽 조각상에 손을 대려다가 경비원에게 지적까지 당한 상태다. 정수 엄마가 "도대체 당신은 왜 그래요? 그림에 손대면 안 되는 것도 몰라?"라고 하는 말에, 불쾌한 표정으로 "뭘? 별것도 아닌 거 가지고"라고 소리치며 오히려 당당해하니, 남들 눈초리가 신경 쓰여서 옆에 서 있기도 민망하다.

위 같은 성격이 전형이라 할 수 있다. 자기 자신도 잘못했다는 걸 모르지는 않는다. 하지만 일단 무언가를 하고 싶다는 생각이 들면 이상할 정도로 하고 싶다. 이렇게 호기심이 많다 보니 금지된 행동도 일단 저지른 다음 후회하곤 한다. 혹은 후회하지 않는다고 우긴다.

두 번째로 관심을 적절하게 조절하지 못하고 사고가 비약적으로 진행된다. 예를 들어 보통의 사람들이라면,

> 그림을 만지고 싶다 → 경비원이 그러지 말라고 할 것이다 → 벌써 두 번째이니 아마도 크게 뭐라고 할 것이다 → 경비원 목소리가 커지면 모두들 나를 쳐다볼 것이다 → 어제만 해도 술집에서 소리 지르고 싸움하는 인간을 한심한 눈으로 쳐다본 적이 있다 → 아마도 남들이 그 눈으로 나를 쳐다볼 것이다

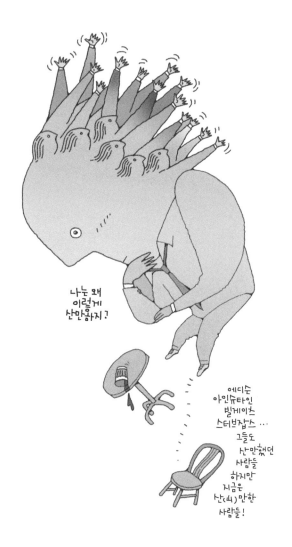

이와 같은 일련의 생각이 보통은 1~2초 안에 생길 것이다. 하지만 집중력이 부족한 사람은 두 번 이상 생각하지 않는다.

내가 지금 그림을 만지고 싶다 → 만지자

따라서 생각의 깊이가 부족하고 단편적인 사고를 보이는 경우가 많다. 아는 것이 많고 전문직에 종사할 수도 있지만 사람이 약간 철이 없어 보인다는 느낌이 든다.

그뿐 아니라 남의 입장을 생각하려면 자기 자신과 상대의 입장을 비교해보는 과정이 필수적인데, 보통 남을 이해하지 못하기 때문에 상대가 자신을 어떤 눈으로 보는지 잘 이해하지 못한다. 그래서 이기적이고 고집 센 사람으로 보이기 쉽다. 어떤 사람은 "좀 애가 단순해서 그렇지, 알고 보면 착하고 편해"라고도 한다. 아마도 맞는 말이겠지만 평생 가야 그의 본모습을 알기 힘들 것이다.

또한 멀티태스킹multitasking, 여러 가지 작업을 동시에 수행하는 것이 가능하다…기보다는 하려고 한다. 여기저기 관심이 많기 때문에 한 가지 일을 꾸준히 하기보다 여러 가지 일을 동시에 하려 들고, 동시에 할 수 있다고 믿는다. 하지만 실은 제대로 하는 일이 하나도 없다. 대충대충 하다가 이 일 저 일에 손대는 경우가 많다.

위의 세 가지 사항을 종합해보면 집중력에 문제가 있는 성인이라고 하면 이런 사람이 머릿속에 떠오를 것이다. 남의 말 안 듣고, 자기 하고 싶으면 해야 하고, 당장 눈에 보이는 것에 집착하고, 쓸 데 없이 일 벌이는 사람 말이다.

산만한 사람이 나쁜 것만은 아니다. 이들은 정말 좋아하는 일에 한번 빠지면, 다른 일은 거들떠보지도 않은 채 고도의 집중력을 발휘한다. 역사적으로 봐도 천재라 불리는 사람들은 어릴 때 오히려 집중력장애를 가졌던 경우가 많다. 지금은 전설이 된 발명가 에디슨은 어린 시절 집중력장애의 결정판을 보여주었으나, 나이가 들어서는 자기가 좋아하는 발명에만 몰두하여 마침내 성공을 이루었다. 물론 다른 사람과 관계가 좋지 않은 고집불통이긴 했지만.

이들이 잘 풀린 경우에는 보통 새로운 영역에 과감히 발을 들이고, 한번 결심한 부분은 끝까지 집요하게 해내고, 남 밑에 있기보다는 리더로서 능력을 더 발휘하고, 고집이 세지만 실천력이 있다는 말을 듣게 된다. 성공한 사업가나 회사의 카리스마 넘치는 중역, 아니면 새로운 아이디어를 끝까지 관철시키고 마는 괴짜들이 그려지지 않는가? 구체적으로 에디슨, 아인슈타인, 스티브 잡스, 빌 게이츠, 리처드 브랜슨 같은 사람이 머리에 떠오를 것이다.

문제는 이들이 흔하게 등장하는 것은 아니라는 점이다. 위에 언급한 사람들은 부모 말 안 듣고 대학 중퇴한 다음 미쳤다는 소리를 들으면서 이 사업 저 사업 벌이고도 다행히 성공했지만, 보통은 남 밑에서 일하긴 싫고 머리에서 아이디어는 떠오르는데 현실성은 없고, 일을 꾸준히 못하고, 남 조언은 듣기 싫어 고집만 부리고, 자꾸 다른 일만 벌이는 경우가 훨씬 더 많다.

결국 어떻게 되겠는가? 자신이 왜 실패하는지를 이해하지 못한 채로 불평만 많은 중년남성이 되고 마는 것이다.

여기서 묘사한 집중력문제를 가진 산만한 사람은 남성에 가깝다. 여성은 상대적으로 남성보다 공격적인 면이 적기 때문에 주변에서 견제가 들어오면 화내거나 우기기보다는 일단 참는 편이고(수긍하는 것은 아니다), 산만함이나 집요함 같은 문제가 남자보다는 덜하다. 그래서인지 대개 딴 생각 잘하는 엉뚱한 사람 정도에 머무르는 편이다. 그래서 인격파탄자가 많지 않은 반면 높은 사회적 위치를 얻으려는 경우도 많지 않은 듯하다.

성격은 약간의 환경변화나 변수에도 다양하게 달라지기 때문에, 사람이 위에서 말한 그대로 성장하지는 않는다. 남녀 간에 차이가 있듯이, 부모가 양육을 잘하거나 자신만의 재주가 있거나 눈치가 좋거나 하는 단 한가지의 장점에도 성격은 크게 변할 수 있다.

자, 그렇다면 산만한 경향의 사람이 위 같은 성격을 가지기 쉽다는 사실은 이해했을 것이다. 그렇다면 고집 세고, 급하고, 단순하고, 산만한 남자들은 어떤 배우자를 선택할까? 이들은 단순한 사고체계를 가진 경우가 많아서, 사회에서 쉽게 인정받는 가치관을 선호하는 편이다. 따라서 남성적이고 가부장적인 가치관을 쉽게 받아들인다. 좋고 나쁘고를 떠나 대개 강하고 권위적인 남편이나 아버지를 이상적으로 여기기 쉬운 상황 혹은 입장에서 자란다는 것이다.

이런 성격인 경우 어떤 여자를 배우자로 맞겠는가? 자기 말에 하나하나 토를 다는 여성과 결혼하기보다는 순하고 말수 적고 내 말을 잘 따라주는 전통적인 현모양처 타입과 결혼하는 것을 선호할 것이다. 그런데 현모양처 타입이라는 것이 그렇다. 겉으로는 순종하는 듯 보이지만 지혜롭게 남자를 뒤에서 잘 다뤄 좋은 방향으로 이끌어야 현모양처인데, 그냥 연약해 보이고 말수가 없는 것이 상대에게 조신하다는 느낌을 주는 경우가 많다. 외유내강外柔內剛이 아니라 외유내유外柔內柔인 셈인데 그 속을 알려면 시간이 걸릴 수밖에 없다.

다음으로 전작에서 얘기했던 의존성 인격을 기억해보자. 전작을 아직 못 보신 분들은 그저 자기 의견을 쉽게 말하지 못하고 남의 결정을 잘 따르는, 걱정과 불안이 많은 예민한 여성을 한번 떠올려보

자. 이들은 어떤 남성을 배우자로 맞을까? 대개 자신의 불안을 확 잠
재워줄 수 있는 강한 남성에게 호감을 느낄 것이다. 고집 세고 급하
고 단순한 것을, 의지 강하고 행동력 있고 솔직담백한 것으로 착각
하곤 하는 것이다.

이러한 두 사람이 만나면 대개 남자 쪽이 편하다. 자기가 하고 싶
은 일에 몰두할 수 있고 가정은 별로 신경 쓰지 않아도 부인이 알아
서 잘해준다. 여자 쪽은 남편이 좀 더 자신에게 신경을 써주기 바라
지만 특별히 말을 하는 것은 아니다. 어릴 때에도 조용히 남들이 하
자는 대로 해왔고, 그렇게 살면 특별히 괴롭히는 사람 없이 편했다.
이렇게만 보면 둘은 천생연분이고 큰 문제도 없어 보인다.

사람은 부모·형제와의 사이에 여러 문제점을 안은 채 성장한다.
이때 부족한 점은 친구들과의 관계를 통해 해결하고, 이후 직장 등
에서 모범이 될 만한 사람을 찾아내기 시작한다.

이와 전혀 다른 것이 10대 중반부터 시작되는 연애관계이다. 여태
껏 가져보지 못한 새로운 남녀관계는 갈등을 부여하고, 어떻게든 이
를 해결해낼 것을 요구한다. 노력을 통해 이것을 해결해내는 사람도
많지만, 남녀 간의 문제점이 열쇠와 자물쇠마냥 조화를 이루어 드러
나지 않는 경우도 있다. 이들에게 도전은 아이를 키우면서 시작된
다. 아이는 이들의 문제를 그대로 반영한 채 자라난다. 만약 아이에
게 문제가 드러나지 않고 운 좋게 무사통과를 하는 경우, 아이가 성
장하여 배우자를 데리고 올 때쯤 다시 위기를 맞게 된다.

위의 부부도 문제는 자식, 특히 남자아이를 낳고부터 벌어진다.
집중력장애는 유전성이 거의 90퍼센트에 달한다. 심한 개구쟁이들,

즉 너무 산만하고 까불어서 어머니를 힘들게 하는 남자아이의 경우 대부분 아버지도 어렸을 때 그랬을 가능성이 높다. 어머니는 착하다는 평가를 들으며 살아왔을 것이다. 원칙을 따르는 편이고, 강한 사람에게는 순종하며, 책임을 맡아야 할 때에는 적당히 피하면서 성인이 되었다. 그간 사회적응을 잘해왔다고 생각했는데, 내 아들로 태어난 이 녀석은 나처럼 말을 듣지 않는데다 나를 피하거나 내게 복종하지도 않는다. 어머니는 자신의 삶이 통째로 부정당하는 것 같은 상황에 놓이게 되는 것이다.

이런 경우 어머니는 스스로 감당이 되지 않기 때문에 자연스레 아버지에게 의지하려고 든다. 하지만 아버지는 원래 자상하게 양육에 신경 써주는 스타일이 아니다. 그저 알아서 잘해보라는 정도에서 끝난다. 오히려 속으로는 "나도 어릴 때 저랬는데, 뭐가 문제라는 걸까" 혹은 "우리 어머니는 잘만 하셨는데 저 여자는 왜 저렇게 애 하나 때문에 힘들어하나" 같은 생각을 하게 된다.

어떨 때는 자신이 봐도 아이가 심하게 느껴진다. 자신을 귀찮게 구는 경우도 있다. 이때는 찬찬히 타이르기보다 버럭 소리를 지르거나 때려서 아이가 순간적으로 자신에게 복종하도록 만든다. 가끔은 아버지가 너무 심하게 화를 내는 바람에, 아이가 말을 안 들어도 마음 약한 어머니는 아버지에게 이를 이야기하기 꺼린다. "너 한 번만 더 잘못하면 아빠한테 이른다"라고 하면서 아이에게 겁을 주지만, 실제로는 쉬쉬하기 바쁜 모자관계가 되는 것이다. 이렇게 하여 그 아버지는 가족들이 자신을 귀찮게 하지 못하도록 만드는 데 성공한다.

이런 형태의 가족에게 나타나는 최악의 결말은 이렇다. 어머니는 항상 효과 없는 잔소리만 남발하고, 아버지는 아이가 자신 앞에서는 말을 잘 들으니까 뭐가 문제인지 전혀 이해하지 못한다. 아이에게 아빠는 무섭지만 정이 가질 않고, 엄마는 좋지만 우습다. 이렇게 초등학교를 지내다가 중학생 이후 사춘기 때부터는 아버지의 권위의식에 대한 반항심, 엄마의 불안과 나약함에 대한 짜증 등의 감정을 드러내기 시작한다.

카리스마 있고
지시하는 타입의 아버지

■ 이런 타입의 아버지는 사실 위에서 말한 아버지와 종이 한 장 차이지만, 집중력문제나 성격문제보다는 긍정적인 사회적 성과가 두드러지는 편이다. 이들은 젊을 때부터 자신감과 지배력이 매우 강하며 자신의 앞길을 닦아나가는 데 천부적이고 실천력도 있다. 하지만 사람의 능력은 항상 제한되어 있다는 사실을 명심하라. 어느 한 쪽이 크게 발달된 사람은 다른 한 쪽이 크게 열등하다는 것을 기억하라. 이들은 사회에서 금전적으로 성공하거나 명예를 얻는 데 성공할 수는 있겠지만, 사람의 마음을 온전히 살피는 데 서투르거나 정신적 측면에서 깊이 있는 모습을 보이는 데 미숙한 것을 흔히 볼 수 있다.

여러분 중 누군가는 틀림없이 이런 생각을 하고 있을 것이다. '어? 우리 아버지는 좀 명령형이긴 하지만, 돈도 잘 벌고 공부도 많이 했고 교회도 열심히 나가시는데? 나한테도 굉장히 잘해주시는 훌륭한 분인데?' 물론 훌륭한 분이다. 자신의 장점과 약점을 잘 조화시킨 것이 분명한 분이다. 하지만 명심하라. 이 책에서는 좋은 사람을 다루지 않는다.

만약 여러분이 돈을 물 쓰듯 한다면 이런 아버지는 어떻게 변할까? 자신이 큰 병에 걸리면? 이들의 인생은 정교할 정도로 평화로운 평형상태를 유지하고 있지만, 불시에 그 상태가 깨졌을 때는 마침내 초라한 대처능력이 드러나게 된다. '참 훌륭한 분이라고 생각했는데 은근히 이런 점은 부족하구나' 하고 느끼게 되는 건, 내가 질투심이 많아서만은 아닐 것이다.

하여간 나의 관심사는 문제 있는 사람이니까, 일단 가족에게 명령하고 지시하는 고집불통 아버지를 그려보자. 어머니는 매우 수동적인 입장이고, 아이들은 두 가지 선택에 놓이게 된다. 아버지에게 순종할 것이냐, 반항할 것이냐. 대개 첫 아이, 특히 장남인 경우 아버지에게 동화되는 경우가 많다. 아버지의 가치관을 충실하게 재현하며 무난하게 아버지의 목표를 이뤄낸다. 문제는 둘째 이하인데, 이들은 아버지의 가치관을 받아들이기 힘들어하지만 아버지가 매우 강한 사람이므로 적극적으로 대들지도 못한다. 결국 아버지 말을 따르는 척하면서 실제로는 게으르게 생활하는, 즉 뒤에서 말을 듣지 않는 수동공격형 인격이 될 가능성이 있다.

이런 스타일의 남성 역시 대개 조용하고 순종적인 여성에게 호감을 느끼며, 어머니가 아이들에게 큰 역할을 못하는 경우가 많다. 다만 아버지의 문제가 적을수록 어머니의 장점이 발휘될 기회도 늘어난다. 만약 어머니가 현명한 사람이어서 권위적인 아버지를 잘 다룬다면, 아이들이 아버지에게 동화되는 것이 아니라 어머니라는 훌륭한 롤 모델을 발견하게 된다. 이들은 마치 어머니가 아버지를 대하는 것처럼 적당히 스트레스를 피하면서 상대를 다루는 방법을 배우며, 결국 자신의 가치를 찾아내는 데 성공할 수도 있다.

도덕적으로 엄격한 아버지

정민 아버지는 그렇게 크지 않은 교회의 목사다. 평소 믿음이 깊고 행실이 곧아 신도들에게 존경을 받는 분이다. 정민이 어머니와 금슬도 좋은 편이었다. 두 분 다 믿음으로 맺어진 부부답게 서로 봉사하고 열심히 살아가는 모습이 아름다웠다.

아버지는 정민이를 옳게 키우는 데 많은 노력을 기울였다. 어릴 때 정민이가 잘못된 행동을 하면 꾸짖기보다는 같이 기도했다. 싸움보다는 사랑을 가르쳤고, 이기려 하기보다는 양보하고 자신의 잘못을 인정하도록 했다. 그러나 정민이는 어릴 때부터 그렇게 얌전한 편이 아니었다. 성격이 급해서 친구들과 싸움도 많이 했고, 그때마다 사람들은 "아버지의 십분의 일이라도 닮을 것이지"라고 하며 혀를 끌끌 찼다.

정민이가 중학생이 되던 날, 정민이 가족은 정신과의원에 들렀다. 정민이에게 사춘기도 온 것 같고 학교 성적도 잘 오르지 않아 종합검진을 받고자 한 것이었다. 가족 모두의 성격검사를 했는데 정말 의외의 결과가 나왔다. 고결하고 존경받는 아버지는 '완고하고 사고에 유연성이 부족하며 타인의 감정에 다소 무감각하다', 착실하게 남편을 보필하는 어머니는 '다소 우울하며 인간관계에 지쳐 있다'라는 평가였다. 정민이는 '감정표현이 부족하며 타인에 대해 불신감이 크고 부모에게 존경심은 가지고 있으나 아버지에 대해서는 거리감을 느끼고 있다'라고 나타났다. 정민이는 "사람들이 아빠 좀 닮아 보라고 얘기할 때마다 너무 너무 싫었어요"라고 이야기한다.

'도덕적으로 엄격한 아버지' 하면 두 가지 직업이 떠오르는데, 바로 목사님(신부님과 스님은 아무래도…)과 선생님이다. 사람마다 차이가 있으니 모두가 그런 것은 아니겠지만 직업의 특성상 전자는 도덕성, 후자는 규율에 민감한 것 같다. 사실 임상에서 느끼는 대로 말하자면 목사님보다는 집사님, 선생님 중에서도 중학교 선생님이 더 예민하다는 생각이다. 이유는 알아서들 생각해보시고.

부모·자식 간의 관계에서 문제를 찾아낼 때 가장 쉬운 방법은 아이가 좋지 못한 행동을 했을 때 부모가 대처하는 방식을 보는 것이다. 아이에게 애정 없는 아버지는 논외로 하고, 도덕적으로 엄격하나 애정을 가진 부모를 보면 3가지 정도의 스타일이 있다.

첫 번째 타입의 부모는 훈계하고 바로잡아주려 한다. 사실 애정이 있어야 야단도 치는 것이므로, 그러한 훈계가 애정에서 나온 것임을 부정하지는 않는다. 문제는 융통성이다. 가끔 아이가 숨을 쉴 수 있도록 해줘야 하는데 생활 전반에 걸쳐 세세한 부분까지 원칙을 지키려고 하면, 아이들은 감정의 문을 닫고 부모는 잔소리하는 사람이라고 느끼게 될 것이다.

두 번째는 비교적 융통성이 있는 경우다. 엄격하기는 하지만 어느 정도의 거짓말이나 위반은 눈감아주는 부모다. 최근에 좀 심하게 야단쳤다 싶으면 당분간 봐주는 식이다. 이런 경우에는 일관성이 없어서 아이가 잘못을 인식하기 힘들다는 문제가 생긴다.

이에 대한 해결법으로 제안하는 것이 부모 스스로 '아이에게 꼭 지키게 하고 싶은 것 리스트'를 작성하게 하는 것이다. 해보면 아는 얘기지만 10개가 넘어가면서부터는 적기가 귀찮고 싫어진다(아마 너무 많다는 생각이 들 것이다). 바로 거기까지.

10개까지만 하고, 나머지 자질구레한 것은 아이에게 지키라고 강요하지 않는다. 정확히 말해서 관심을 끈다. 아이가 그 10개를 잘 지키면 이후에 다시 10가지 정도를 추가해서 생각해보면 될 일이고. 부모에게 제일 먼저 필요한 건 자신의 원칙이 너무 많지는 않은가 의심해보는 것이다.

세 번째가 좀 골치 아픈 경우다. 엄격하긴 엄격한데 아이를 크게 야단치거나 하지는 않는다. 아이에게 문제가 있으면 정말 자상하게 기도한다. "오늘도 우리 아이가 마귀의 꼬임에 잠시 넘어가고 말았습니다. 다시는 이런 일이 없기를 기도하오며, 악의 유혹으로 가득 찬 세상을 우리 가족이 무사히 헤쳐나갈 수 있도록 도와주소서."

나로서는 아버지의 기도에 이견을 제시할 생각도 없고, 오히려 훌륭한 양육방식이라고 칭찬을 해야 할 입장이다. 게다가 아이가 기질이 어느 정도 순하다면 이런 방식에 잘 적응할 가능성이 높다.

그런데 자식이 어릴 때부터 삐딱하다든가, 멋 부리기를 좋아한다든가, 허영이 많은 경우에는 어떻게 될까? 아버지의 아름다운 기도

나 조언이 모두 자신을 비참하게 만든다. "내가 마귀란 말인가? 우리 가족을 어둠에서 헤매게 만드는 것이 나란 말인가?" 하는 자격지심, 아니면 "다른 가족은 모두 선하고 정직한데 나는 어쩔 수 없나 봐"라는 소외감을 느끼게 된다. 결국 부모는 아이를 성실하게 대했을지라도 아이의 마음을 읽는 데 실패한 셈인데, 이런 경우 아이는 더 비뚤어지게 마련이다. 그때 가서 "이것도 다 하나님의 뜻입니다"라고 하면 하나님도 억울하실 테고.

위의 정민이는 어떻게 자라날까? 물론 비교적 무난하게 자랄 것이라고 생각한다. 아버지가 자신의 원칙을 유연성 있게 바꾸는 것이 힘든 경우 이를 보완해줘야 하는 것이 바로 어머니의 역할인데, 위의 어머니는 정민이가 무슨 생각을 하고 있는지 관심이 있지 않은가? 게다가 아버지도 그리 답답한 분은 아닌 것 같고(내가 설정한 거니까 다 내 맘대로다).

결국 부모와 자식 간의 관계에서도 중요한 것은 평소 서로가 서로의 마음을 궁금해하고 있느냐 하는 것이다. 정해진 규칙대로 판단하는 것도 나쁘지 않지만, 마음상태를 제대로 살피지 않고 이해해주려 들지 않는다면 자신의 뜻과 정반대의 결과를 가져올 수 있다.

사람들은 내게 쉽게 상대의 마음을 읽는 공식을 요구한다. 왼쪽으로 눈이 돌아가면 거짓말, 코를 만지면 불안, 이런 식으로. 그런데 사람의 마음은 정말이지 그때그때 달라서 순간마다 자신의 마음과 비교해가며 파악할 수밖에 없다. 성실하게 상대의 의도를 물어보고 느끼려고 해야만 마음의 큰 그림을 그릴 수 있다는 것이다.

양육의 책임을 맡은
어머니

■ 많은 경우 이혼을 하게 되면 양육의 책임감을 느끼는 쪽은 주로 어머니이며 아버지는 아이에게 큰 관심이 없는 것처럼 보인다 (물론 다 그런 것은 아니다).

그래서 아버지가 아이를 키우는 경우에는 아이를 방임하거나 할머니에게 맡기는 경우가 흔하며, 이때 아이는 '결핍'의 문제를 얻게 된다. 어머니가 아이를 맡는 경우에는 어떻게 해서든 열심히 해보려고 노력하는 편인데, 자신이 아이를 완벽하게 다룰 수는 없기 때문에 조바심을 내곤 한다. 결국 아이는 어머니의 잔소리에 시달리며 '불안'의 문제를 떠안게 된다.

무책임하고 충동적인 아버지와 연약하고 겁 많은 어머니가 이혼을 한 후, 어머니가 아이를 맡고 있는 경우는 어떨까. TV의 리얼리티 프로그램을 보면 간혹 어머니를 때리거나 욕하는 청소년이 등장하는데, 대체로 이쪽에 해당된다. 중학생, 빠르면 고학년의 초등학생 때부터 보통 이런 일이 발생한다. 사실 아이는 어릴 때부터 아버지가 더 문제라는 것을 잘 알고 있다. 처음에는 어머니가 피해자라는 인식을 갖고 있는 것이다.

그러나 문제 있는 아버지에게 맞설 수 있는 시기는 직이도 10대 후반부터이다. 그전에 어설프게 덤볐다가는 한 대 맞기 쉽고, 보통 아버지가 가족과 떨어져 혼자 생활하는 경우가 많다 보니, 일부러 찾아가서 불만을 터뜨리기도 민망하다. 결국 만만한 건 어머니다. 가까이에 있는 어머니에게 연대책임을 물어 분노를 터뜨리는 것이다.

이런 경우 어머니는 "남편 복 없는 년은 자식 복도 없다더니" 하면서 우는 것이 보통인데, 자고로 "난 복이 없다"라고 말하는 사람 치고 스스로에게 문제없는 사람 없다는 걸 꼭 기억하자. 이제 갓 사춘기에 들어선 아이가 어머니를 우습게 보고 덤빈다면, 어머니 자신의 문제도 심각한 것이다. 대개는 너무 나약해서 혼자 문제를 해결할 수 있는 능력이 부족한 사람인 경우가 많다.

남편에게 일방적으로 당하는 것은 물론이요, 아이를 아빠로부터 지켜주지도 못하며, 아이가 올바르게 자라날 수 있도록 안정감을 주지도 못한다. 그러면서도 남이 참견하거나 조언하는 것은 견디지 못하고 자신도 힘들다는 말만 반복한다. 이러한 집안의 아이가 한 말 중에 본인 어머니를 가장 정확하게 표현해준 말이 있었다.

"자기가 아직도 10대 소녀인 줄 알아요!"

부모가 돈을 들여 교육을 시키는 것이 가장 중요한 게 아니다. 아이에게 인간적인 유대감, 안정감, 애정 등을 주지 못한다면 모든 것이 헛수고일 뿐이다.

만약 어머니가 어느 정도 자신의 역할을 하는 사람이라면? 솔직히 내 생각엔 아버지가 없어도 그럭저럭 무난하게 성장할 수는 있다. 부모의 정신적 역할은 10대 중반 정도까지다. 인생을 너무 엉망진창으로 시작해서 악순환을 거듭하는 것이 무섭지, 아이에게 어느 정도 인간적인 반응만 해줘도 큰 문제를 일으키진 않는다는 것이 희망이라면 희망인 것이다.

부모로부터
영향을 받는 아이들

■ 아버지가 강하든 어머니가 강하든, 자식에게 선택은 두 가지뿐이다. 동일화해서 비슷한 사람이 되든가 아니면 반발해서 정반대의 성격을 갖든가. 따라서 아버지가 매우 강하고 어머니가 약한 경우, 세 가지 케이스가 생긴다. 첫 번째, 아버지를 따르고 어머니는 그에 종속됨. 두 번째, 어머니를 따르고 아버지에게는 저항함. 세 번째, 아버지에게도 어머니에게도 동일화되기 힘듦.

먼저 아들의 경우를 보자. 첫 번째 케이스에서 아들은 아버지의 가치관을 물려받고 충실한 사람이 되며, 어머니에게는 애정을 가지고는 있되 가치관을 물려받지는 못한다. 두 번째 케이스에서는 아버지를 이어받기엔 너무 문제가 많고 어머니는 비교적 이어갈 만한 구석이 있으므로 대개 엄마와 많이 닮게 된다. 경우에 따라 어머니가 너무 연약해서 마치 자신이 아버지인 것처럼 행동하며 어머니를 위로하는 양상을 띠기도 한다. 이때 아이는 주변의 할아버지, 삼촌, TV에서 본 어른의 모습을 흉내 내지만 겉모양에 불과할 뿐 한계가 있다. 어릴 때는 양육에 비해 아이가 참 잘 컸다는 얘기를 듣지만, 그 내면은 공히하고 우울한 경우가 많다. 세 번째 케이스에서는 꼭 성격이 엉망이지 않더라도 부모의 가치관을 승계할 수 없으므로 아이가 삶의 목표를 제대로 세우지 못하고 힘들게 성장하는 경우가 많다.

딸의 경우로 가보자. 첫 번째 케이스에서 딸은 아버지의 강함을 인정하고 복종하며 어머니와 비슷한 삶을 살려고 한다. 하지만 핵심은 아버지와 같은 남자를 만나고 따른다는 데 있다. 두 번째 케이스에서는 당연한 이야기지만 어머니의 좋은 성격을 이어받는 한편, 아버지와는 사이가 좋지 않은 사람으로 자라날 것이다. 아버지는 대개 딸에게는 관대하며 자신을 꼭 따르지 않더라도 그렇게 신경 쓰지는 않기 때문에, 아들보다는 비교적 무난한 삶을 살 수 있다. 다만 아버지에 대한 콤플렉스는 계속 남아 있을 것이다. 세 번째 케이스에서는 인간적인 유대감이나 모방할만한 대상을 찾아내지 못하므로 아들과 다를 바 없이 존재감이 뚜렷하지 않은 삶을 살게 될 것이다.

03
강한 어머니와
약한 아버지의 경우

남녀차이가 있어서일까. 부모의 성격에 강약 차이가 심한 경우, 대개 아버지의 문제가 더 크게 마련이다. 보통 남자 쪽이 불안감을 두드러지게 느끼는 일이 많다 보니, 집단도 그에 휘둘리는 것으로 해석해야 할 것이다. 앞의 경우 아버지가 심각하고 어머니의 문제는 살짝 동반된 상황인데, 이때도 아버지가 자신의 역할을 제대로 하지 못하는 것이 먼저이고 어머니가 그것을 메우려다 보니 문제가 발생했다고 볼 수 있다(사실 내가 남자여서 그렇게 볼 수도 있을 듯하다). 제일 많이 보는 경우가 남편을 잃거나 이혼을 해서 할 수 없이 어머니의 경제력이 필수조건이 된 케이스 혹은 아버지가 경제력이 없거나 상대적으로 약한데 어머니는 사업적으로 자수성가한 케이스들이다.

물론 아버지가 비교적 무난하고 어머니의 성격이 유별난 경우도 많다. 하지만 이러한 케이스 자체가 그 반대 경우보다 훨씬 적다 (여자가 성격적으로 남자보다 무난하다는 사실은 부정할 수 없는 사실이다). 게다가 너무 심각한 상황에서도 참고 견디는 어머니에 비해 아버지는 이혼을 하거나 어떤 조치를 취해버리기 때문에 결과적으로 어머니의 악영향을 사전에 막게 된다. 어떤 때는 어정쩡한 것이 더 문제여서 어머니의 성격이 겉으로는 크게 문제되지 않지만 아이에게는 심각한 악영향을 끼치는 경우도 많다.

어쩔 수 없이 어머니의 성격이 변하기도 한다. 아이에게 심각한 문제가 있어 어머니의 양육이 절대적으로 필요할 때, 예를 들어 아이가 자폐 등 장애를 안고 있으면 어머니의 발언권이 매우 강해지고 아버지는 집안에서 부차적인 역할을 맡게 된다.

무기력하고
우유부단한 아버지

성미 아버지는 술을 많이 드시는 편이다. 술주정도 별로 없다. 혼자 조용히 드시고 조용히 주무신다. 어디 가서 싫은 소리 한 번 못하다 보니, '사람은 좋은데 우유부단해서 문제'라는 평을 들으며 살아오신 분이다. 젊을 때부터 사업을 자주 벌였지만 제대로 돈을 벌어온 적은 없다.

결국 이러다 가족 모두가 굶어죽겠다는 위기감에 어머니가 음식 장사를 시작했다. 그런데 어머니의 장사가 의외로 성공해서 제법 돈을 벌었다. 성미 아버지는 어머니를 믿고 사업을 한 번 더 벌였다가

역시 망해버렸다. 남자 기를 살려줘야 한다면서 모르는 척 보고 있던 어머니도, 더 이상은 안 되겠다며 앞으로는 지원을 해주지 않기로 했다.

  그런데 그 무렵부터 아버지가 바람을 피우기 시작했다. 이를 알게 된 어머니는 배신감에 치를 떨었다. 사업차 다니던 술집에서 알게 된 여자인데 잘해주다 보니 정이 들었다고 한다. "네가 인간이냐, 사람이라면 어찌 이럴 수가 있느냐"는 어머니 말에 아버지는 고개를 숙이고 쩔쩔 맸지만, 실제로 그 여자와 헤어지는 데도 우유부단해선지 3년이나 걸렸다. 그 사이 성미 어머니와 자녀들은 모두 아버지를 없는 사람 취급하면서 살았다. 이후 성미 아버지의 삶은 무기력 그자체였다. 하루 종일 술을 마시고 주정조차 않는다. 자식들도 인사만 할 뿐 아버지의 말 따위는 들으려 하지 않고, 아버지도 가족 앞에 서는 자신의 의견을 아예 꺼내려고 하지도 않는다.

남자는 참 단순한 동물이다. 일이 잘 되면 자신이 괜찮은 줄 알고, 일이 안 되면 자신이 별 볼 일 없는 줄 안다. 사회적으로 남자의 의무 운운하며 그렇게 키워져서 그럴까? 아니, 암컷을 차지하려고 피를 흘리며 싸워대는 수컷 짐승들을 보자면 그런 생각도 들지 않는다. 위에서 보는 성미 아버지도 정도 차이가 있을 뿐 흔하게 볼 수 있는 남자일 뿐이다.

실제로 이런 남자들을 만나 보면 속이 매우 단순하다. 자신의 가치에 대해 거의 절망에 빠져 있다. 자식과의 유대라거나 자기표현, 지식 등에 대해 깊이 생각하지 못하며, 오직 자신이 사회에서 성공하여 훌륭한 수컷으로서의 증표를 보일 수 있느냐 없느냐만 중요하게 여긴다. 물론 자신도 그런 것에 관심이 있다고 주장은 하지만 막상 물어보면 대답할 수 있는 것이 별로 없다. 그가 정말로 생기를 띨 때는 돈을 잘 벌거나, 자기 좋다는 여자가 생겼을 때뿐이다. 겉으로는 조용하고 차분한 성격이지만, 실제로는 감정표현만 적을 뿐이지 분노나 성공에 대한 욕구에 불타고 있다(이런 남자의 경우 대개 강한 아버지 밑에서 자라나 자기표현에 서툰 한편, 자신도 강해지고 싶다는 욕구가 강하다).

따라서 젊을 때는 사업 등에 집착하면서 자신의 가치를 올리고자 노력하는데, 이에 실패하면 가족들의 시선을 견디기 어려워한다. 성공하더라도 부인의 능력이 더 좋거나 자신의 가치가 저평가 받는 상황이 올 경우, 이를 견디지 못한다. 이때 자신을 인정해준다고 느껴지는 여성이 나타나면 급속도로 끌리게 되는데, 이런 경우 상대의 의도가 건전하지 않을 때가 많아서 결과가 좋기는 어렵다. 그 여성과 새 출발을 하더라도 원래의 무기력한 삶을 사는 경우가 많다. 사실은 자신이 인정받느냐 아니냐가 중요한 게 아니라는 점을 깨닫는 게 핵심인데 말이다.

결국 자신의 강인함을 인정받고 싶어한다는 점에서는 앞에서 얘기한 '너무 강한 아버지'와 본질적으로 거의 차이가 없다. 암컷을 차지한 수컷과 아깝게 경쟁에서 진 수컷의 차이가 있을 뿐이다. 문제라면 그 남자 스스로 자신을 절망의 계곡으로 몰아넣고 있다는 점이지만, 안타깝게도 마음이 강퍅해진 사람에게 이런 얘기를 하며 설득하기란 참 힘든 일이다.

이런 경우 부인과의 관계가 호전되기는 힘들고, 구원의 핵심은 자식에게 있다. 물론 이 아버지와 자식 간의 사이 역시 좋을 리는 없다. 특히나 바람을 피운 수준까지 가면 자식에게도 상처를 남긴 상태일 것이므로. 하지만 최악의 결과는 면할 수 있다. 아버지에게 정을 가지고 있는 자식, 특히 딸이 아버지를 적절하게 북돋아 주는 경우에는 회생가능성이 충분히 있다. 뭐, 결국엔 한 여자에게 인정을 받은 셈이니까 말이다.

남편이나 자식을
제 뜻대로 하려는 어머니

중민의 어머니는 젊어서 남편을 잃고 혼자서 아이 둘을 키워왔다. 시장에서 장사를 하며 중민과 누나를 대학까지 가르쳤는데, 남매 모두 지금은 번듯한 회사에 들어가 일 잘하며 살고 있다. 중민이 항상 무난하게 살아온 것만은 아니다. 대학 때 그림을 그려보겠노라고 학교를 몰래 휴학한 적이 있었는데, 집에서는 난리가 났다. 좋은 대학 때려치우고 디자인 공부를 한다고 하니 어머니 가슴에 못을 박는 짓이고도 남았다. 결국 어머니가 7일째 식음을 전폐하고 누우시는 바람에 중민이 고집을 꺾었다. 그 이후로는 한 번도 어머니에게 큰 저항을 해본 적이 없었고, 비교적 평온하게 지냈다.

문제는 중민이 결혼한 다음이었다. 중민은 똑 부러지고 자기주장을 확실히 하는 미선이 마음에 들었다. 결혼까지도 문제가 없었는데 6개월 만에 시어머니와 며느리 사이에 큰 싸움이 나버렸다. 어머니는 초반에 며느리 버릇을 잡아야겠다고 생각했는지 1주일에 3번은 집에 들러야 한다고 주장했고, 미선은 일단 가만히 넘어가줬으면 했는데 조곤조곤 따지고 들기 시작했다. 어머니는 중민에게 전화를 걸어 "네 마누라 하나 못 다스려서 어떻게 하려고 하느냐"며 온갖 화를 냈고, 미선도 틈만 나면 "자기는 성인인데 언제까지 엄마 말만 들으며 살 거냐"며 변화를 요구했다.

답답해진 중민은 독신인 누나에게 전화를 걸었다. 누나는 한참 말을 아끼다가 이야기를 꺼냈다.

"너는 공부 잘하고 말 잘 듣는 장남이라 몰랐겠지만, 사실 우리 엄마 힘든 성격이잖아. 내가 지방에서 회사를 다니고 있어서 엄마랑 별로 안 부딪친 거지, 아마 서울에 있으면 많이 힘들었을걸? 이번에도 엄마는 자기 뜻대로 안 되면 몸져누우실 거다. 너도 각오해야 해.

그리고 미선이 걔도 내가 보기엔 성질이 좀 모났어. 원리원칙 따지는 사람치고 실제로 자기가 잘 지키는 사람 없거든. 생각보다 자기에게 유리한 쪽으로 우기는 경우가 많은 것 같아."

"누나가 좀 도와주면 안 될까?"

"지금은 네가 잘해야 해. 엄마가 당신 말 안 듣는다고 죽네 사네 하셔도 틀린 건 틀린 거야. 미선이도 마찬가지고. 네가 중간에서 원칙을 잘 지켜서 공정하게 대해야 해. 사이가 나빠져도 네가 불안해하면 안 돼. 나는 당분간 관여하지 않을 거야. 지금 내가 나서면 나중에 정말로 화해시킬 사람이 없거든. 가끔 도와주기는 할게."

중민은 답답한 나머지 화제를 돌렸다.

"그나저나 누나는 언제 시집가?"

"갈 수 있을지 모르겠다. 아빠도 없었고. 난 엄마처럼 살기는 싫거든. 행복하게 결혼생활을 할 자신이 없어."

성격이 '강하다'는 말은 사실 '약하다'는 말의 동의어일 수 있다. 약한 부분을 감싸려다 보니 그 껍질이 단단해지는 것일 뿐이다. 중민의 어머니는 누구보다 열심히 살아왔으며, 자식들을 훌륭하게 키우기 위해 본인의 의지를 관철시켜온 분이다. 누가 뭐라 할 수 있겠는가? 나름대로 이 분의 삶은 훌륭했다고 말씀드리고 싶다.

다만 그렇게 살다 보면 주변의 가까운 사람에게 자신의 의견을 강요하게 되는 것이 문제다. 성격이 강하다고 지칭되는 사람은 보통 자신의 행동이 다른 사람에게 어떤 영향을 미치는지는 잘 알고 있지만, 어떤 심리적인 영향을 주는지는 잘 모르는 것처럼 보인다. 꼭 어린아이와 같아서 내가 조르면 엄마가 장난감을 사준다는 사실만 알고 있을 뿐, 옆에서 지켜보는 엄마의 시선이 얼마나 싸늘한지에 대해서는 둔감한 것과 같다.

자기 말을 잘 들어주지 않으면 "굶어 죽든지 말든지 상관하지 마라" "내가 어떻게 살아왔는데 너희가 이럴 수 있느냐" 같은 말로 자식들이 결국 굴복하게끔 만드는 사람들은 비교적 쉽게 파악되는데, 의외로 분석이 잘 되지 않는 은근한 스타일도 있다. 품위도 잃지 않고 좋은 말만 사용하지만 온갖 일에 참견이 많고 자기 취향대로 하고 싶어하는 사람들. 이들은 친절하기 때문에 이들에게 감히 반박하거나 대들기는 힘들다. 고단수라 할 수도 있겠고, 그냥 괜찮은 사람이라 할 수도 있겠다.

하지만 이들 역시 상대를 자기 영향하에 두려고 한다는 점에서 중민 어머니와 다를 바가 없다. "너도 나이가 있으니 나와 상관없이 네가 스스로 결정했으면 좋겠다"라고 하기보다 "나는 딸기가 좋은데, 네가 알아서 결정했으면 좋겠어"라거나 "나는 모르겠으니 네가 알아서 해라. 하지만 내 마음에 들지 않는 건 싫다"라고 말하는 식인 것이다. 결국은 상대에게 자신이 원하는 대로 하겠다는 메시지를 보내는 셈이다.

어머니가 가족을 조종하려는 경우, 아버지는 그런 부인을 잘 받들어줘서 애처가 혹은 공처가 소리를 듣든가 아니면 부인을 견디지 못하고 자주 싸워 부부 사이가 벌어질 것이다. 전자의 경우 처음에는 비교적 괜찮지만, 어머니의 욕심이 노년이 될수록 점점 과해지니 가족이 힘들어하는 것이 문제다. 후자의 경우에는 남편 복이 없다며 아들, 특히 장남에게 집착하는 경우가 많다. 아들이 올바른 사람으로 성장하기를 바라기보다는 자신에게 잘하고 자기 보기에 좋은 사람을 만들기 위해 노력한다.

어머니로부터 독립하려는 시도가 몇 번 좌절되고 나면, 아들은 어머니에게 복종하는 것이 편하다고 느낀다. 아마 자신은 '내가 철이 들었나 보다. 어머니와 잘 지내게 되다니' 하고 생각할지도 모른다. 이 아들은 무의식적으로 어머니와 비슷하거나 아니면 자신의 의견을 대변할 수 있을 것 같은 여성을 배우자로 택한다. 결국 어머니도 강한데 부인도 강한 사람을 맞는 바람에, 안 그래도 자기주장이 약한 이 남자는 더 짓눌리게 된다.

어머니의 관심에서 약간 비껴나 있거나 어느 정도 자신의 존재감을 지켜낸 자식의 경우에는 중민의 누나처럼 어머니와 거리감을 유지하려고 애쓴다. 앞에서는 말을 잘 듣는 것처럼 보이지만 속마음은 '어쩔 수 없지 뭐, 날 키워준 엄만데' 하며 쓴 웃음을 짓는 부류다. 이들은 결혼에 대한 환상이 별로 없고, 행복하지 않게 사느니 독신으로 살겠다고 생각한다. 또한 타인과 감정적으로 얽히는 것 자체를 두려워하기도 한다.

그렇다면 중민은 어떻게 해야 할까? 어머니와 부인 중에 어느 쪽에 비중을 두어야 할까? 나는 부인과의 관계에 더 비중을 두어야 한다고 말하고 싶다. 이런 말은 자칫하면 전통적인 윤리관과 대치되는 것처럼 보일 수도 있다.

그러나 자신의 미래가 어디에 기초하는지를 먼저 생각해야 한다. 여태껏 나를 성심성의껏 보살펴주신 홀어머니에게 효도하는 것은 당연한 도리지만, 그 홀어머니 때문에 지금부터 시작되는 나의 새로운 가정이 방해받는 것은 안 될 일이다. 내 가정이 실패한 다음 부모를 잘 모신다는 것이 말이나 되겠는가? '내 기본은 역시 아빠, 엄마'라고 말하고 싶어진다면, 자신이 과거에서 벗어나지 못하는 것은 아닌가 의심해야 한다.

중민의 경우 어머니와 함께한 삶은 이미 30년이나 되기 때문에 좀 섭섭한 일이 있어도 나중에 회복 가능하지만, 미선과의 삶은 이제 시작이기 때문에 자칫 잘못하면 회복이 불가능할 수 있다. 기왕이면 둘 다 살리는 방향으로 생각하라. 처음에는 부인을 따르는 것처럼 보이지만, 실은 남편이 둘 사이에서 헤게모니를 장악하기 위한 첫 단계에 돌입한 것이라고 생각해야 한다.

이때 부인이 잘해서 남편이 따라주는 게 아님을 정확하게 표현해야 한다. 서로 양보하며 살지 않으면 안 된다는 사실을 계속 설득시켜야 하는데, 그러려면 중민 자신이 미선에게 먼저 양보하는 모습을 솔선수범해서 보여주어야만 한다.

강박증에 걸린 어머니

초등학교 4학년 기윤이와 어머니가 함께 병원을 찾았다. 어머니의 고민은 아이가 너무 자기 멋대로 지저분하며 말을 안 듣는다는 것이었다. 어머니의 말을 들은 의사가 아이를 상담했지만, 생각보다는 차분하게 대답을 잘했으며 예의도 바른 편이었다. 다만 부모님 얘기가 나오자 어머니에 대해 투덜거리기 시작했다. 어머니가 너무 간섭이 많고 사람을 짜증나게 한다는 것이다.

어머니에게 가장 짜증이 날 때가 언제인지를 물어보니, 방금 숙제 다했는데 또 공부 안 하느냐고 하는 것, 그리고 밖에만 나갔다 오면 씻으라고 하는 것이라고 한다(초등학교 5학년이 이 정도로 표현할 수 있으면 상당히 똑똑한 편에 속한다).

자세히 물어보니 어머니는 하루에 청소 3회는 기본이고, 밖에 잠깐이라도 나갔다 오면 일단 씻기를 바랐다. 그러다 보니 하루에도 세수를 10번은 해야 했다. 하지만 아무리 야단쳐봐야 남자 애들이 잘 씻지를 않으니, 요즘은 타협을 봐서 안방에만 들어오지 못하게 해놓았다고 한다.

"어머니, 아이에게 문제가 있는지는 잘 모르겠습니다. 청소 3회는 좀 많은 편이기도 하고, 밖에 5분 정도 나갔다 왔는데 꼭 씻으라는 건 좀 심하지 않을까요?"

"(화살이 자기에게 돌아오자 당황하며) 제가 좀 깔끔하긴 해요. 그런데 얘는 자기 방 정리도 전혀 안 해서 완전 돼지우리에 산다니까요."

"저 또래 남자아이들은 다 그런데요. 저도 어릴 때 그랬던 것 같고."

"아니, 어찌나 더러운지 저는 아예 제 방에 들어오지 못하게 할 정도예요. 밖에서 얼마나 더러운 걸 많이 묻히고 들어오겠어요?"

"음? 그럼 아이들이 어머니방에 못 들어간다는 건가요?"

"아, 예……. 그렇죠."

"네, 알겠습니다. 그렇다면 어머니가 보시기에 기윤이 성격이 어떤가요?"

"저는 자기 할 일은 정확하게 해야 한다고 생각하거든요. 물건도 잘 정리하고, 숙제도 성실하게 하고, 공부도 제대로 하고."

"음, 그런 면도 성격에 포함될 수는 있겠습니다만……. 아이 인성은 어떻다고 보세요?"

"어, 그러니까…. 애가 불성실하다는 말이죠."

이런 경우도 자주 있다. 어머니가 명백하게 강박적이라고 말하기는 좀 그럴 수 있겠고, '깔끔 떠는' 게 심하다 싶은 분의 이야기이다. 어머니들이야 다들 깔끔하다. 상담을 시작한 이래 "엄마가 너무 더러워요"라고 불평하는 아이는 딱 한 번 봤다.

정도의 문제가 있을 뿐, 오히려 청결은 어머니가 아이에게 가르쳐야 할 기본적인 덕목에 속한다. 다만 중요한 것은 청결, 성실 같은 덕목을 가르치기 전에 '내가 아이를 이해하고 있는가' 하는 점을 명확히 하는 것이다. 내가 자신에게 딱 맞는 아이를 만들려고 하는지 아니면 정말로 좋은 아이를 만들려고 하는지 생각해봐야 한다.

기윤이 어머니의 경우 청결에 주의를 기울이는 것까지는 좋지만, 분명 좀 너무했다 싶은 구석이 있는데도 스스로 전혀 인식하지 못하는 것이 문제다. 자기가 잘못하고 있는 건 아닌지 전혀 의심하지 않는 것이다. 따라서 상당히 독단적으로 행동하는 사람이라는 인상을 주며, 이는 아이의 성격을 묻는 질문에 대한 답변에서도 엿볼 수 있다.

아이가 초등학교에 들어간 후 가훈을 적어오라는 숙제를 받게 되면(적어도 내가 학교 다닐 때는 그런 과제가 있었다), 사실 고민에 휩싸이는 이들은 그 집 부모다. 가훈에 대해 보통은 잘 생각하지 않으니까. 이런 질문을 받고 나서야 비로소 자신이 무엇을 가장 중요하게 여기는지 생각해보는 것이다. 그런데, 뭐 없다. 1분가량 고민하다가 '돈'이라고 말하고 싶은 마음을 간신히 억누르며 '정직' '성실' '협동' 정도를 이야기한다. 하지만 이러한 덕목은 사회구성원으로 살아가는 데 필요한 가장 기초적인 요건 아닌가. 큰 잘못 없이 무난하게 노력하면 지금 정도는 살 수 있다고 하는 기준 같은 것. 그러나 자신의 삶에 대한 생각이 뚜렷하거나 인생에 대해 많은 고민을 한 사람은 이러한 단순한 단어로 가치관을 표현하지 않고, 자신만의 개성을 보여주는 특이한 단어를 고르려 애쓸 것이다(우리집 가훈은 '재미'다. 나는 쾌락주의자니까).

기윤이 어머니의 경우 아이의 성격에 대해 물어봤더니 처음에 아이의 행동밖에 말하지 못했다. 청결하지 못하고 성실하지 못하다는 것도 평가 중 하나겠지만, 과연 그것을 성격이라 부를 수 있을까? "사소한 집안일도 안 하고 게을러요" "남에게 뭐든 미루려고 들어요" "책임감이 부족한 것 같아요" 같은 상세한 대답이 필요한데 말이다. 단순한 대답은 자신이 단순하다는 것을 보여주는 것이다.

부모는 보통 '지저분하다' '학원을 빼먹고 놀러갔다' '성적이 나쁘다' 같은 결과는 잘 알지만, 왜 지저분한 것인지, 왜 학원을 빼먹을 정도로 놀고 싶은 것인지, 왜 성적이 좋지 못한지에 대해서는 잘 모른다. 그에 대해 지적하면 한결같은 대답.

"그걸 모르니까 여기 왔죠."

아니, 미안하지만 그 정도 수준의 문제는 병원에 와서 물어보면 안 된다. 애한테 사탕만 먹인 부모가 치과에 가서 "왜 이가 썩는지 몰랐죠" 하는 식이기 때문이다. 이런 사람들에게 심리적인 인식을 심어주고 자식과의 관계를 다시 모색하도록 하기란 참 힘든 일이다. 그 부분에 대해 크게 생각해본 적 없이 살아왔으므로 적어도 한 학기 강의 정도는 해줘야 하는데, 그것을 수강할 부모는 물론이거니와 그런 치료시스템도 별로 없다.

어머니에 대한 불평을 제3자인 의사에게 할 수 있는 기윤이는 그나마 괜찮은 편이다. 의사 앞에서 부모에 대한 불만을 얘기할 수 있는 아이라면 사실 그렇게까지 심각하지는 않다. 그럭저럭 어머니와 관계를 잘 유지하면서 성장할 것이지만, 어머니의 몰이해나 결벽 때문에 사춘기에는 꽤나 갈등하며 지내게 될 것이다.

걱정스러운 아이들은 의사 앞에서 "우리 엄마 착해요. 괜찮아요" 혹은 "몰라요"만 반복하는 부류다. 가벼운 병은 아프다고 칭얼거릴 수 있지만, 큰 병은 남에게 티도 못 내는 법이다. 앞에서도 반복했지만, 부모가 너무 강한 경우 아이는 자신을 표현하는 방법을 잃어버린다. 공부나 기술 같은 기능은 우수할 수 있지만, 자율적인 사고나 창조성은 없는, 그야말로 '정직' '성실' '협동'의 인간으로만 남는 것이다.

철없고 제멋대로인
아버지

아버지는 젊은 시절 참 호인이었다. 쾌활하고 술 잘 먹고, 친구들 노는 행사는 전부 본인이 주도하고, 친구가 힘들 때는 솔선수범해서 해결해주곤 하여 항상 주변에 사람이 많았다. 어머니는 똘똘한 타입이랄까. 살림 철저히 하고 꼼꼼해서 주변 사람들로부터 잘살겠다는 말을 많이 들었다. 아버지가 첫눈에 반해서 1년을 따라다닌 끝에 결국 결혼에 성공했다.

문제는 아버지가 친구들과의 관계를 총각 때처럼 하려는 것이었다. 신혼인데도 술 먹고 새벽에 들어오기 일쑤였고, 그 때문에 말다툼이 늘었다. 그러다가 딸인 미영이 7살 되던 해, 아버지는 친구의 부당한 해고를 견딜 수 없다며 자신도 회사에 사표를 던지고 말았다. 그 이후 사업을 시작했으나, 어머니는 이 사업이 제대로 되고 있는지 아닌지 알 수 없었다. 일에 대해 물어보면 무조건 잘된다고 호언장담만 하니 전혀 신용도 가지 않고, 사업을 핑계로 술만 마시는 것 같고, 가족생각을 조금이라도 하기는 하는지 당최 감이 오질 않았다.

"당신 좀 심한 거 아냐? 이제 시작한 사업이니 당장 돈 벌어오는 건 바라지도 않아. 적어도 사업이 어떻게 돌아가고 있는지, 뭘 어떻게 할 건지 내가 알아듣게 설명을 해줘야 할 거 아냐."

"어허, 우리 마누라님 또 화나셨네. 내가 다 알아서 한다니깐. 어제 만난 김 사장, 그 친구가 물주야. 그 친구가 이번에 미국에 가서 도장 한 방 딱 찍어오면 그냥 1억이 들어온다고."

"그러니까, 김 사장이 해줘야 하는 거지, 당신이 직접 하는 것도 아니네. 만약에 김 사장이 못 받으면?"

"아, 걱정하지 마. 김 사장은 내가 책임져. 이번엔 분명히 해결될 수밖에 없다고. 조금만 참아. 그래, 4월이면 되겠다."

"지난달엔 2월이라며?"

"사업이 그때그때 달라지는 거지. 상황이 항상 같지가 않잖아."

이제 초등학교 4학년이 된 미영은 전엔 잔소리만 하는 어머니가 문제지, 항상 웃고 넉넉한 아버지는 괜찮다고 생각했다. 그런데 어느 순간부터 아버지가 굉장히 답답한 사람이고, 내가 어머니라도 화가 나겠다는 생각이 들기 시작했다.

남편이 너무 철이 없으면, 아내조차 어이가 없어서 그냥 보고만 있거나 포기해버린다. 결혼 전에는 성격 좋고, 리더십도 있고, 잘 놀고, 참 괜찮은 놈이라는 말을 듣는 남자가 있다. 이들은 20대 중후반까지는 참 좋아 보인다. 그 이후에도 괜찮은 사람으로 남으려면 스스로가 20대 이후의 삶을 잘 준비해야만 한다.

어떤 사람은 10대에 가장 매력을 발산했다가 20대, 30대 갈수록 추해지기도 한다. 20대에는 정말 괜찮았지만 나이에 맞게 발전하지 못하는 사람도 있다. 물론 이들은 친구들과 마흔, 쉰이 넘어서 만나 "넌 아직도 변한 게 없구나. 철없는 녀석" 같은 멘트를 듣고 기뻐할지도 모른다. 하지만 이 말은 동시에 "자식, 아직도 거기구나" 하는 뉘앙스를 갖고 있기도 하다.

이들은 진지함이나 현실성이 부족한 타입이어서 자신을 온전히 뒷바라지해주거나 조절해줄 수 있는 배우자를 원하는 경향이 있다. 그 결과 꼼꼼하고 약간은 냉정해 보이는 여성에게 호감을 느낀다. 당연한 이야기지만 배우자가 자신을 조절해줄 때 그것에 따를 수 있어야만 이러한 관계가 유지될 수 있다. 하지만 대개 이들은 조절되는 느낌만 원할 뿐이고, 실제로 자신이 변하기 위해 부단히 노력해야 한다는 사실은 인식하지 않는다. 자신이 부족하다는 것을 인정하기보다는 농담으로 넘기고 덮어버리려 하는 등 10대, 20대에나 통할 것 같은 방법을 나이 마흔이 넘어서도 사용하며, 그것이 상대에게 먹힌다고 생각한다. 그러나 상대는 이미 진지할 대로 진지해져 있다. 결국 미영 어머니는 끝없는 말싸움에 지치고 말 것이다.

아이는 대개 처음에는 아버지와 수준이 비슷하므로 아버지에게 동정심을 느낀다. 하지만 여자아이 같으면 10살만 넘어가도 아버지 수준을 넘어서기 시작한다. 아버지를 한심하게 생각하고 어머니와 동화되기 시작한다.

그렇다면 이런 사람이 어떻게 하면 성장할 수 있을까? 인간이 성장하기 위해서는 간단한 과정을 거쳐야 한다. RPG 게임Role Playing Game, 등장인물 가운데 한 가지 역할을 맡아 스토리를 진행시켜가는 게임과 똑같다. 지루하지만 역경을 거치고 그 역경을 이겨내면 새로운 레벨로 올라가고, 가끔 심각한 위기를 만나면 이를 이겨낸 후 다음 세상으로 올라가고. 물론 중간에 져버리면 게임이 끝나버리기도 하고.

현실에서도 마찬가지다. 지금까지 자신이 살아온 방식을 부정할 수밖에 없는 큰 위기에 부딪혀야만, 또 그것을 극복해내야만 사람이 변하게 된다. 구체적으로 어떤 상황을 말하는 걸까? 가족들이 독하게 문제를 지적해주거나 꾸준히 좋은 말로 대화해주면 될까? 아니, 여태껏 본 바로는 좀 더 과격해야 한다. 큰 교통사고에서 살아남거나 이혼할 정도로 큰 일이 있은 후에야 인성에 변화가 오곤 한다. 간단히 말해 여간해선 쉽지 않다는 것. 따라서 차라리 가족들이 아버지의 문제를 빨리 인정해버리고 최소한의 목표만 설정하는 것이 가장 좋다. 적어도 나머지 가족에게 피해를 주지는 않도록 하는 데만 초점을 맞추는 것이다. 예를 들면 명의는 빌려주지 말 것, 인감도장은 부인이 맡기 등.

전작에서 "저 사람 어떻게 하면 되나요?" 하는 질문에 내가 자주 했던 말이, "안돼요" "포기하세요" "꿈도 꾸지 마세요"였다. 이 인간, 왜 이렇게 성의가 없나 싶겠지만 정말 그렇다. "저 사람 어떻게 하면 변화시킬 수 있나요?" 하고 너무 직접적으로 물어보는 사람은 아직 사람을 변화시킬 자격이 부족하다. 모르기 때문에 '감히' 바꿀 수 있는지를 물어볼 수 있는 것이다. '과연 할 수 있을까' 하고 생각하며 조심스러워하는 사람은 뭔가 좀 아는 것이다. 이들에게는 실천력만 갖춰진다면 아마 상대를 바꿀 가능성이 있을 것이다.

04
부모 모두에게
문제가 있는 경우

자식은 아버지와 어머니라는 2개의 재료를 섞어 만든 요리와도 같다. 그것도 '카피&페이스트COPY & PASTE, 자료의 내용을 복사해서 적절히 이어붙이는 것' 식이 아니라 카레처럼 복잡하게 섞여 원래 성분이 무엇이었는지 알기 힘든 요리이다. 그러나 예민한 요리사는 각각의 맛을 느낄 수 있다. '음···. 분명 이건 아빠의 고춧가루와 엄마의 우유가 섞인 맛이군. 다행히 엄마의 우유가 아빠의 매운 맛을 중화시켜줬어. 중화시킨 정도가 아니라 오히려 숨은 매운 맛이 적당히 자극적인 매력을 갖도록 만들었는데?'

이렇듯 이질적인 요소의 적당한 조화가 사람을 더 사람답게 만들어준다. 그런데 만약 두 가지 재료 모두 특이할 것이 없다면 어떨까? 맥 빠진 무지방 우유와 싸구려 찻잎을 섞는다면? '그것도 나름대로 맛있을 것 같은데' 하는 생각은 조금 있다 하시고(사실 아무리 최악인 인간도 나름대로 가치는 있는 법이니까), 그렇게 되면 적어도 소수의 마니아층 외에는 별로 좋아하지 않는, 50년 뒤에나 그 가치를 인정받을 듯한 그런 사람으로 성장할 수 있다.

자식에 대한 관여가
부족한 부모

■ 사람에 대한 관심이 좀 부족한 분들이 있다. 이들은 사람은 알아서 혼자 크는 거라 생각하며 자식에게조차 크게 관여하지 않는 편인데, 아이와 자연스럽게 놀아주는 경험도 부족하고 공식적인 집안행사도 거의 갖지 않는다.

아이를 자율적으로 키운다기보다는 그냥 방치하는 것에 가깝다. 이들 역시 비슷한 부모 밑에서 방치되며 성장한 경우가 많고, 이들의 자녀 역시 부모와 비슷한 느낌으로 자라나는데, 사회성이 부족하고 감정이 메마른 듯 보인다.

이들의 경우 유전적인 경향을 먼저 생각해보게 된다. 사회성을 관장하는 것도 뇌의 한 기능이기 때문인데, 타고 나길 아스퍼거 증후군 같이 약간의 자폐성을 지닌 사람도 있고 대인관계에 필요한 능력이 부족한 사람들도 있다.

유전성이 없더라도 형제가 많은 경우, 즉 5녀 1남의 다섯째 딸이라든가 할 때는 형제가 많아서 부모에게 그다지 관심을 받지 못할 수 있다. 이들에 대해서는 나중에 다시 얘기하겠다.

이렇게 자라난 아이는 어떻게 해야 하나? 아까 얘기한 무지방 우유와 싸구려 찻잎의 조화에 대해 다시 얘기해보자. 언뜻 듣기에는 별로 매력 없는 밋밋한 음료로밖에 여겨지지 않는다.

하지만 생각을 바꿔보자.

그것은 훌륭한 다이어트 디저트가 될 수 있지 않을까? 맛은 부족해도 은근한 향기가 느껴지고, 고급스러운 음료는 아니더라도 쉽게 해먹을 수 있을 듯한 친근함도 느껴진다(솔직히 지금 적으면서 한번 먹어볼까 하는 생각을 하고 있다). 마찬가지로 이들은 스스로를 가벼운 디저트 같은 역할로 인정하고 살아가면 된다. 못 먹어서 버릴 것까지는 없는 것이다. 그래도 나는 밥에 비벼먹을 수 있는 소스 정도는 되고 싶다면? 이때부터는 자기가 궁리하는 수밖에 없다. 원래 우유와 찻잎을 소스가 되게 하려면 고기 몇 점, 아니 최소한 고춧가루라도 넣어서 한참 끓인 뒤 밥에 비벼야 할 것이다.

어떤 요소를 자신 안에 집어넣느냐는 스스로 결정할 일이고, 자신의 현실과 너무 동떨어진 것을 원하면 그만큼 인생이 고달파질 것도 각오해야 한다. 물론 그렇게 해서 원하는 소스가 된다면 금상첨화일 테고. 누군가는 그럴지도 모르겠다.

"나는 너무 엉망진창인 조합이에요. 바닐라아이스크림이랑 블루콜라가 섞였어요."

흠, 나름 개그소재로 쓸만하겠다.

아이디어를 내다 보면 이 세상 어느 하나라도 쓸모없는 건 없다. 하다못해 라면 국물을 섞었다 하더라도 말이다. 자포자기하는 마음으로 아무거나 섞어버려서 인생을 더 힘들게 만들어버리지나 않을까, 그것이 걱정일 뿐.

의사소통이 갑자기
줄어드는 상황

시골에 살 때 효근이는 '개천에서 용났다'는 말을 듣곤 했다. 도수학경시대회에 나가서 2등을 한 적도 있고, 몇십 명 안 되는 학교에서는 항상 압도적인 점수를 맞아서 선생님이 문제 난이도를 고민하게 만들었다. 이를 대견하게 여긴 부모님은 효근이가 초등학교 6학년이 되자 도시에 있는 중학교에 다닐 것을 권유하셨다. 효근이도 욕심이 있어 도시에서 하숙을 하면서 중학교에 다니겠다고 했다.

도시에서의 첫 1년은 꽤나 힘들었다. 도시와 시골의 차이인가 싶어 자존심도 많이 상했다. 거리가 멀어 한 달에 한 번밖에 집에 올 수 없어서, 밤이면 무척이나 외로웠다. 그러나 부모님께는 미안해서 말을 할 수 없었다. 시간이 지날수록 부모님과는 1주일에 전화 한 번할까 말까 하게 되었고, 자주 찾아오시던 부모님도 가끔 오셨다.

그렇게 고등학교 1학년 때까지는 성적도 괜찮았고 무난하게 지내는 것 같았는데, 고2 중간고사에서 갑자기 성적이 뚝 떨어졌다.

"효근아, 너 요즘 성적이 왜 이러냐?"

"……."

"아빠 엄마가 너 학교 보내느라 열심히 일하고 있는데, 방심하면 안 된다. 열심히 해라."

아버지 말씀이 끝나는 순간 효근이는 울컥했지만 참았다.

"알았니? 여태까지 잘해왔는데 방심하면 안 돼. 네가 우리 집 기둥이다. 정신 차려."

"… 알겠어요."

옛날에는 이렇게 사신 분들이 참 많았다. 전쟁으로 인해 거주지가 바뀌고 경제활동이 서울로 집중되면서, 어렸을 때부터 타향살이 하신 분들을 내 주변에서도 많이 본다(이 분들, 한결같이 고집이 세다). 그때는 그래서 그랬다 치고, 요즘에도 위 같은 경우가 심심치 않게 보인다.

사실 어릴 때는 그다지 문제가 없다. 다만 더 큰 성공을 위해 도시로 간 뒤의 조치가 좋지 않았다고나 할까. 중학교 1~2학년은 사춘기가 와서 고민이나 갈등이 많이 생기는 시기이다. 평소 부모가 큰 역할을 하지 않더라도 집에 있어주는 것만으로도 아이는 안정감을 찾게 되는데 그런 것이 부족했다는 생각이 든다.

아이의 성적이 떨어지면서부터 아이에게 문제가 있나 생각하는 부모는 약간 늦은 것이다. 아마 효근이의 심리적인 문제는 1~2년 전부터 시작되었을 것이다.

효근이는 자신의 외로움, 장남으로서의 책임감 등으로 부담감을 많이 느끼겠지만, 스스로 그것을 표현해낼 역량도 조건도 부족한 상태다. 효근이 아버지가 어떤 분인지 알 수는 없지만 짚이는 것은 있다. 아들이 힘들 것이라고 짐작은 하면서도 장남이라 강하게 키워야 할 것 같아서라거나, 막상 말하려니 쑥스러워서 차갑게 대하는 부류가 아닐까. 간혹 아이 입장을 생각하기에는 자신이 더 지쳐 있는 경우도 많다. 농사나 사업이 잘 되지 않으면 아들 유학비 마련이 버겁지 않겠는가. '저 녀석보다 내가 더 고생이다' 하는 마음이 들면 불현듯 속마음이 튀어나오면서 아이를 책망하게 된다.

최근 기러기 아빠만 남고 가족들이 유학을 가버리는 상황이 잦은데, 이런 경우 가족 내부에서 아버지의 역할이 없어지게 되는 문제를 반드시 고민해야 한다. 나중에 "아빠쯤이야 없어도 상관없어요" 같은 분위기가 될 수도 있기 때문이다. 아이들 역시 좋은 나라 가서 행복하게 살 것 같지만, 아버지의 부재로 인해 생기는 정신적 불안정 같은 문제도 고려해야 한다. 애초 엄마 하나로 양육이 될 것 같으면 아빠라는 단어가 존재할 필요도 없지 않겠는가.

사춘기 때 갑자기
간섭이 늘어나는 부모

현지는 남자아이만 다섯 있는 집안의 막내로 태어나 온 집안의 귀여움을 독차지하며 자랐다. 현지 어머니가 선생님에게 여쭤보니 학교에서도 밝고 대인관계가 좋으며 얼굴도 예뻐서 남학생들에게 인기가 많다고 한다. 좀 버릇없고 예쁜 척하는 아이이긴 하지만, 오빠와 싸우고는 쪼르르 달려와 우는 것이 어찌나 귀여워 보이는지. 물론 오빠는 답답해 화를 내고 난리였지만 말이다.

문제는 현지가 중학교 2학년 때 생겼다. 현지가 나쁜 친구들과 어울려 다니면서 한 아이를 왕따시키는 데 앞장섰다는 것이다. 현지 어머니는 선생님의 말이 도무지 믿기지 않았다. 착한 현지가 그런 짓을 하다니 부끄럽기도 하고, 아이를 너무 버릇없이 키웠나 싶기도 해서 그날 밤 크게 야단을 쳤다. 현지는 긍정도 부정도 않은 채 멍하니 딴 데만 보더니, "내가 뭘 어쨌다고 난리야!" 하고 소리를 질렀다. 화가 치민 아버지가 현지의 뺨을 때렸다. 순간 현지도 아버지도 놀랐는지 한참을 쳐다보다가 각자 방에 들어가버렸다. 그날 이후 현지가 나쁜 친구를 사귀어서 저렇게 되었다고 생각한 부모님은 현지를 매일 집에 일찍 들어오게 하고 숙제를 검사했다.

그러나 중학교 3학년이 된 현지는 남자친구를 사귀는 것 같다는 이야기가 들리더니, 마침내 지난주 이틀간 가출을 하고 말았다. 왜 집에 들어오지 않았느냐고 다그치자 현지는 천연덕스럽게 "남자친구와 놀다 보니 새벽 3시가 되었는데 지금 들어가면 아빠한테 맞을 것 같아 그랬다"고 한다. 바보 같은 대답에 아버지는 너무 속이 상한 나머지 현지를 보려고도 하지 않았다.

이 모습을 지켜본 현지 오빠가 부모님께 넌지시 "내가 어릴 때부터 말하지 않았어요? 쟤 그렇게 키우면 안 된다고. 아빠, 엄마가 저렇게 만든 거예요"라고 이야기한다.

아마도 내가 만나는 청소년 문제의 70퍼센트가 여기에 해당될 것이다. 어릴 때는 무슨 짓을 해도 귀여우니까 문제를 느낄 수 없지만, 사춘기가 되면 그 문제가 곪아 터지기 시작한다. 아이가 갑작스러운 변화를 보였을 때 부모는 당황하면 안 된다. 당황할수록 화를 내거나 때릴 수밖에 없는데, 중학생 이상의 아이를 때려서 고치려면 아버지가 태권도관장 정도는 되어야만 일시적으로라도 잡을 수가 있다. 격투기 세계챔피언도 딸한테는 잘 안 먹힌다.

불행한 일을 미연에 예방하려면 아이가 초등학생일 때 중학생이 될 만한 정신적 수준이 형성되고 있는가를 부모가 확인해야 한다. 초등학교 고학년 학생이라면 이 정도는 해야 한다.

- 최소한의 자기관리 _ 엄마가 없을 때 혼자서 밥을 차려 먹는 것은 물론 빨래나 청소, 설거지를 혼자서 할 수 있어야 한다(물론 좋아서 하는 수준까지는 바라지 않는다). 이런 얘기를 하면 어머니들은 '책가방 챙기기'나 '스스로 공부하기'를 아이 혼자서 하기 원하는데, 그건 늙어 죽을 때까지 못해도 어쩔 수 없다. 다만 "한 번도 혼자 걸레질 해본 적 없는데요?"라고 말하는 아이는 곤란하다.

- 3분 이상 지속되는 부모와의 진지한 대화 _ "우리 애는요, 세 단어 가지고 말해요. 네, 아뇨, 몰라요"라고들 얘기하는 부모가 있다. 사실 아이들은 귀찮아서 그런 경우가 대부분이다. 나도 어릴 땐 "몰라요"를 입에 달고 살았다. 그렇다고 '자기가 마음만 먹으면 제대로 얘기할 것이다. 친구들과 노는 걸 보니 얘기 잘하더라. 괜찮을 것 같다'고 생각해서는 안 된다. 친구들과는 관심사도 비슷하고 일상을 공유하기 때문에 "I am Tom" "You are Jane" 수준의 대화로도 1시간을 떠들 수 있다. 하지만 그보다는 TV프로그램, 영화, 사회적 이슈 등을 주제로 부모와 깊이 있는 대화를 3분 정도 하는 게 더 의미가 있다. 물론 부모도 그것이 가능해야 아이도 따라 하겠지만.

- 친구와의 관계에서 자신의 책임 및 잘못을 이해 _ 어릴수록 친구와 싸우면 상대 탓을 한다. 아직은 자기 문제를 파악하기 힘들기 때문이다. 자신의 문제를 이해하는 것도 어쩌면 개인의 능력으로 볼 수 있다. 발이 느려도 자꾸 뛰게 하면 빨라지듯 부모가 자꾸 자극을 주며 친구와의 관계에 대해 설명해주고 이해시키는 것이 중요하다. 그렇다고 아이의 문제만 지적해서는 안 된다. 부모

가 비난만 하게 되면 아이도 남 탓 하는 것만 배운다. 반대로 아이가 잘못했을 때 부모 자신의 책임도 함께 얘기하면서 스스로 행동으로 보여준다면, 아이는 자기 문제를 보는 방법을 배우게 된다. 이런 힘은 이후 대인관계를 공정하고 무난하게 이끌어가는 데 큰 도움을 준다.

자녀가 10대 청소년인 부모에게 가장 힘든 일은 아이의 사소한 잘못이나 일탈이라기보다, 아이가 자신의 잘못을 전혀 이해하지 못한다든가 말도 안 되는 이야기를 가지고 우긴다든가 남 탓만 하며 잘못을 미루는 행동들이다. 각각 혼자 설 수 있는 독립성, 자신을 논리적으로 설명할 수 있는 힘, 타인에 대한 의무감을 반영한 위의 세 가지 덕목은 모두 이러한 잘못된 행동을 벗어나 타인에게 기대거나 고집을 부리지 않고 이성적으로 사회를 살아가는 데 필요한 기초 덕목에 해당한다.

성실하지만 융통성이 부족하고 감정표현에 서툰 부모

형식은 성실하다. 사람도 좋은 편이라는 소리를 들어왔고, 회사에서도 비교적 무난하게 승진하며 인정받고 있다. 가훈은 '정직과 성실'. 형식은 매사에 거짓 없이 성실하게 살아야 한다고 생각한다. 요령 있게 살아서 돈 많이 벌고 떵떵거려봐야 무슨 소용이 있는가? 내 삶에 정직하고 열심히 일하다 보면 사람들이 나를 인정해주고,

언젠가는 행복하게 살 수 있을 것이다.

현주도 사람이 괜찮다. 교회모임에 책임을 다하고 나쁜 말은 할 줄 모른다. 다른 사람이 도와달라면 도와주고 자신이 항상 부족하다며 겸손해한다. 인간의 삶은 지상의 것만이 다가 아니다. 열심히 기도하며 봉사하는 삶을 살면, 천국에서 영원한 삶을 누릴 것이다. 현세의 고통은 잠시일 뿐이다.

형식과 현주의 딸인 다은이는 고등학교 3학년. 여태껏 특별히 말썽부린 적이 없다. 성적은 반에서 중간 정도이며, 말 잘 듣고 성실하다. 부모의 생각대로 잘 자라줘서 감사할 때가 많다.

그러던 어느 날 진로상담 때문에 현주가 다은이를 불렀다.

"다은아, 너 가고 싶은 대학 있니? 너도 고3인데 성적에 맞춰 학교 정해야지."

"… ㅇㅇ대학이요."

"응? 거기? 조금 더 높은 학교도 될 것 같은데 왜 하필 거기니?"

"내 성적이 그것밖에 안 되는 걸 뭐."

"왜 스스로를 그렇게 낮춰봐? 조금 더 노력하면 △△대학 정도는 갈 수 있을 거 아냐."

"뭘 낮춰봐? 여태껏 말없다가 왜 일요일 아침부터 짜증나게 해?"

"아니, 내가 무슨 말을 했다고? 대학교 물어본 것밖에 더 있니?"

"(작은 목소리로) 하여간 말이 안 통해."

"알았다. 나중에 얘기하자. 안 그러던 애가 왜 갑자기 짜증이람."

위의 대화는 그다지 이상하게 들리지 않는다. 흔하게 볼 수 있는 모녀간의 대화인데 딸이 고3이라 살짝 예민해진 정도랄까. 중요한 건 마지막 두 줄, 즉 딸이 나지막하게 내뱉는 "하여간 말이 안 통해"와 이후 어머니가 내뱉는 "왜 갑자기 짜증이람"이다.

상대가 뜬금없이 어떤 감정을 표현했을 때, 이를 대수롭지 않게 넘기지 말고 조금 더 의심의 칼날을 세워보자. 지금 한 말이 그의 평소 생각은 아닐까? 볼에 힘을 잔뜩 준 표정, 풍선에서 바람이 빠지듯 입에서 순식간에 흘러나오는 불만, 어딘가를 쏘아보는 듯한 눈빛을 하고 있다면, 그것이 상대의 숨겨진 속마음이 아닐까 고민해봐야 한다. 실제로 별 탈 없어 보이는 집안의 아이가 갑자기 짜증을 내고 부모에게 적대적으로 변했다는 얘기를 들은 다음 아이와 만나보면, 부모의 생각과 전혀 다른 이야기를 하는 경우가 많다.

"아빠는 어떤 분이니?"

"좋은 분이죠. 그냥 좋아요. 좋기만 해요."

"아빠한테 답답한 이야기 같은 거 할 수 있니?"

"하면 좋은 얘기 들어요. 근데 그뿐이에요. 열심히 살아라. 노력해라. 꾸준하면 된다. 아빠는 그렇게 살아왔다."

"뭐, 틀린 얘기는 아니네."

"그렇죠. 정말이지 아빠는 올바르게 사는 것 같으니까. 제가 별로 할 말도 없어요. 문제는 정말 따분하다는 거죠. 재미도 없고 취미라고 바둑 정도."

"엄마는 어떤 스타일이신데?"

"엄마도 똑같아요. 착해요. 근데 보고 있으면 살짝 짜증나요. 가끔 정말 착한 게 아니라 그냥 겁이 많은 게 아닐까 싶을 때가 있어요."

"다른 사람들을 무서워하시니?"

"무서워하는 건 아니고요. 아는 사람만 만나는 거죠. 조금만 독특한 친구 이야기를 해도 고개를 절레절레 저어요."

"엄마한테 네 생각을 솔직하게 얘기해보면 어떨까?"

"생각 많이 해봤는데요. 우리 부모님은 아마 제가 하는 말이 무슨 말인지 못 알아들을 거예요. 저도 알아요. 배불러서 하는 말이라는 거. 별 이상한 부모들도 많으니까요. 그래도 하여간 우리 아빠, 엄마는 착해서 문제예요. 어떤 말을 해도 귀에 잘 들리지 않는 것 같아요."

이런 부모는 자식들과 대화를 많이 한다…고 생각한다. 같이 있는 시간도 많다…고 생각한다. 항상 올바르게 양육해왔다…고 자부한다. 문제는 '내가 혹시 잘못하는 것은 아닐까' 라고 자문하지 않는다는 점이다. 이런 부모는 자신이 진리라고 여기는 몇 가지 덕목, 예를 들면 특정 종교의 윤리, 정직, 성실, 인내 같은 것들만 가지고 대화에 임한다. 그들 나름대로는 그렇게 살아와서 성공했을 것이다.

하지만 자녀가 자신과 다른 가치관을 외부에서 배워오는 순간 충돌이 생긴다. 아이는 춤을 통해 표현의 기쁨을 알게 되기도 하고, 인간관계의 복잡함에 재미를 붙이기도 하고, 심지어는 타 종교에 매력을 느끼기도 한다. 중학교 이후의 아이들은 가족 외부의 영향을 받으면서 점점 변해가는데, 부모는 아이가 어릴 때나 지금이나 크게 변한 게 없다. 따라서 다른 영역의 소통을 원하고 다른 시점으로 세상을 보기 원하는 아이를 부모가 따라가기란 무척이나 벅찬 일이다.

그래도 위의 다은이는 매우 훌륭한 편이다. 부모가 성실과 정직 같은 훌륭한 덕목을 지닌 분들이고, 아이도 스트레스가 매우 높은

고3 시절 직전까지는 속마음을 적당히 감출 수 있었다. 게다가 의사를 만나서 자신의 부모에 대한 솔직한 생각을 위의 수준으로 말할 수 있는 고등학생이라면, 소위 '싹수'가 있는 친구다.

정작 문제는 두 가지 타입의 아이들이다. 먼저 선한 부모와 달리 '누굴 닮아 저러는지 알 수가 없는' 아이. 부모의 양육 탓이라고 보기에는 확실히 별종이라는 생각이 드는 아이들이 있다. 그러나 이들도 원해서 그렇게 태어난 것은 아니다. 오히려 부모가 이들과 비슷한 타입이어서, 자신과의 유사성이 보이므로 아이를 적당히 귀여워하고 여유 있게 대한다면 나았을 것이다. 하지만 부모와 아이가 정반대 타입일 경우, 부모는 아이를 야단치고 한심하게 보기 쉽다. 결국 아이는 점점 상처를 받고 비뚤어진다. 아이의 문제를 부모가 치유해주기보다 더 악화시키는 경우다.

다른 하나는 아이가 부모의 훌륭한 복제품으로 키워진 경우다. 이때 아이는 착하고 고분고분하며 사회체제에 잘 순응하는 스타일로 자라난다. 큰 불만은 없다. 그런 스타일의 사람이 많아야 이 사회도 안정적으로 잘 돌아가는 거고. 좋긴 한데, 이런 사람의 단점은 창조성이나 진취성이 부족하고 시각이 다양하지 못하며 지나치게 안정적인 성향을 갖는다는 것이다. 이런 사람들이 많을수록 그 사회는 상당히 따분하고 생명력을 느끼기 힘들 것이다. 현재의 한국도 그런 면이 없다고 할 수 없으니, 아쉬울 뿐이다.

이 타입의 가족에 대해서는 동정의 여지가 있다는 것을 확실히 해둔다. 적어도 부모는 최선을 다했기 때문이다. 부모가 자식의 단점을 커버할 수 있는 능력이 있거나, 넓은 시야를 가지고 더 나은 세상으로 이끌어주는 분들이었다면 좋았겠지만, 세상 모든 사람이 그럴 수는 없지 않겠는가. 오히려 다은이의 경우 지금은 부모가 말이 통하지 않는다며 화가 나 있지만, 부모의 태도가 진실임을 아는 순간 인생을 살아갈 힘을 얻게 될 것이다.

부모가 자신의 한계를 발견했다고 해서 너무 걱정할 일은 아니다. 다만 자신에게 문제가 있다는 사실을 받아들인 다음, 아이를 천천히 설득해야만 한다. 아이가 10대 때 못 받아들이면 20대, 20대에 못 받아들이면 30대에 받아들이기를 기대하고 꾸준하게 인내와 애정으로 아이를 대해야 한다. 결국 아이는 부모의 생각이 옳아서라기보다 부모가 열심이어서, 즉 부모가 끝없이 보내는 애정과 용서에 감동하게 되어 있다. 진정성 있게 꾸준히 노력했는데도 실패했다고 말하는 부모라면, 자신의 노력에 애정과 용서 대신 오직 진실과 정의만 있었던 것은 아닐까 곱씹어볼 일이다.

자식에 대한
이해가 부족한 부모

정님이 부모님이 내원하셨다. 정님이가 학교에서 친구가 없다는 이유에서다. 정님이는 소심하고 말 없는 여자아이로, 친구들과의 대화를 잘 따라가지 못하는데다 행동도 느리며, 숙제를 안 해올 때도 많아서 선생님에게 자주 야단을 맞는다고 한다.

"집에서 정님이 숙제는 체크해주시나요?"

"네."

"그런데 왜 숙제를 잘 안 해갈까요?"

"자기가 안 하더라고요."

"엄마가 체크하면 그래도 할 것 아닙니까?"

"안 하는 걸 제가 어쩌겠어요. 자기 하고 싶을 때 하는 거지."

"그래도 그런 문제로 자꾸 찍히면, 친구에게도 인기가 없겠죠."

"그럴까요?"

"(어머니와 얘기가 잘 안 통하니까 아버지에게로 말을 돌려서) 아버님도 어릴 때 생각해보세요. 숙제 안 해서 야단맞으면 애들한테 좀 찍히고 그랬잖아요?"

"(당황하며) 아, 저는 어릴 때 공부는 열심히 해서……."

"아, 네……. (속으로 한숨을 쉬며) 하여간 애가 너무 숫기도 없고 사회성이 부족한 듯한데, 집에서는 조용한가요, 어머님?"

"집에선 엄청 까불죠. 말도 지지리 안 듣고. 어제도 동생하고 시끄럽게 떠들어서 저한테 맞았어요. 얘는 꼭 맞아야 조용해지는데 그래서 문제인가 봐요."

"네. 그런데 왜 학교 가면 그렇게 조용할까요? 담임선생님은 정님이가 왕따 당하는 이유에 대해서 뭐라고 하시나요?"

"어, 제가 바빠서 학교에 자주 가질 못해서요."

"네… 저기… (답이 나오질 않아 답답해하며) 아이가 학교에서 대인관계를 힘들어하는 게 무슨 문제 때문이라고 생각하시나요?"

"글쎄요. 그걸 알려고 여기 온 건데요."

선하지만 대화가 잘 안 통하는 부모의 케이스다. 특별히 나쁜 점을 꼬집어 얘기하기는 그런데, 그렇다고 장점이 있는 것도 아니다. 오히려 대화가 안 통해 말하는 사람이 속 터져 죽을지도 모른다. 개인적으로 내가 상대하는 보호자 가운데 이런 타입이 힘들기로는 왕중왕이다.

치료하는 사람 입장에서는 상대의 장점을 찾아내어 부각시키고, 단점을 찾아내어 스스로 자각하게 만드는 것이 상담의 원칙이다. 그래서 뚜렷한 장점이 있으면 대화하기가 쉽다. 아주 문제가 많은 사람도 나쁘지 않다. 워낙 단점이 확실히 보이니 문제 파악하기가 쉽기 때문이다. 정말 힘든 사람은 위와 같이 장점도 단점도 뚜렷하지 않고, 아무리 얘기를 해도 포인트를 흐리며 애매한 대사만 읊고 있는 이들이다. 위의 대화에서 사실상 정님이 부모가 하는 말은 딱 한마디다.

"모르겠는데요."

이들은 아무리 휘저어봐도 내용물이 떠오르지 않는 물 같아서, 말 거는 사람이 허공에서 헤매는 느낌이 든다. 어떤 말을 해도 공손하게 딴 말만 하기 때문에 극도의 허무감을 맛본다. 그럴수록 이들의 솔직한 감정을 보고 싶어져 자극적인 말로 공격하게 된다.

"아니, 애가 왕따 당해도 좋다는 겁니까? 여기 뭐하러 왔습니까?"

"부모가 아이 숙제도 챙겨주지 않으니, 애가 학교 가서 그렇게 되는 거 아닙니까?"

미안하지만, 상대는 이런 말에도 묵비권을 행사하거나 끄덕끄덕 동의를 표시한다. 의사는 더 답답해서 미칠 지경이 되어 조금 더 독한 말들을 내뱉는다. 이때 부모의 역습이 시작된다.

"옆에서 가만히 듣고 있으려니 선생님 말씀이 좀 심하신 거 아닙니까? 저희는 아이 문제가 심각해서 온 건데, 저희만 문제 있는 것처럼 얘기하시면 어떡합니까? 찬찬히 알기 쉽게 얘기를 해주셔야죠!"

아싸! 한참 부모와 얘기하다 보니 아이도 뭔가 자기 부모가 비난당하는 분위기라 느꼈는지 의사를 노려보는 눈빛이 싸늘해진다. 허허. 의사의 완벽한 패배다.

이들의 대화방식은 이런 식이기 때문에 주변에는 늘 쉽고 얕은 이야기만 하는 사람밖에 없다. 왕이 어리석으면 주변에 간신배만 모인다고 하는데, 그와 비슷한 논리다.

이들은 기본적으로 대화를 어떻게 해야 하는지 잘 모른다. 혼자서 깊이 생각하는 습관도 없다. 생활영어는 하지만 고급영어는 못하는 것처럼, 생활국어는 가능하지만 고급국어는 불가능하다. 고급국어를 사용할 기회도, 필요도 별로 없었기 때문이다. 따라서 아이에게도 특별한 지적 자극이 될 만한 기회를 제공하지 못하여, 자신과 비슷한 사람으로 양육하기 쉽다.

왜 이 이야기에 흥분하느냐 하면(뭐, 개인적인 감정 때문이겠지), 자살하는 청소년의 가족에게서 이런 구도를 많이 보게 되기 때문이다(물론 청소년의 자살은 훨씬 복잡한 문제다). 자살하는 사람은 대개 '지금 삶이 너무 힘들다 → 차라리 죽는 것이 낫다'라고 생각하는, 순진 혹은 단순한 이들이다. 부모와의 불화, 성적, 친구관계 등으로 힘들어하지만, 타인에게 질문하는 방법이나 스스로 해결하는 방법도 잘 모르며, 이기든가 지든가, 맞든가 안 맞든가, 성적이 좋든가 나쁘든가 하는 식의 흑백논리적 사고를 한다. 그래서 스스로 생의 대안을 만들어내질 못한다.

이들을 어떻게 해야 할까? 잘 살고 있는 부모는 그냥 두면 된다. 개선 가능성이 있는 아이에게는 더 많은 것이 주어져야 한다. 부모 외의 사람들과 관계를 늘여서 새로운 영향을 수혈해야 한다. 위의 정님이처럼 겁이 많고 느린 아이는 말 잘하고 쾌활한 친구, 친척, 치료사, 종교인 등과의 접촉을 늘여야 한다. 타고난 성질이나 환경은 어쩔 수 없지만, 성격은 함께 있을 때 슬며시 서로에게 배게 된다. 물론 부모가 모든 문제를 깨달아준다면 얘기가 제일 쉽게 되겠지만.

성격이 강하거나
특이한 부모

수민의 아버지는 유명한 이비인후과 의사로, 병원이 잘 되어 큰 돈을 벌었다. 그런데 환자에게는 카리스마 있고 실력 좋은 의사이지만, 간호사에게나 가족에게는 무척 거칠고 제멋대로다. 간호사를 때렸다가 물어준 위자료만도 수천만 원은 될 것이다.

어머니는 미스 강원 출신으로 지금 봐도 무척 젊고 아름답다. 겉으로 봐서는 말도 잘하고 친근하지만, 조금만 같이 지내도 너무 말이 쉽게 바뀌어서 가벼운 사람이라는 것을 느낄 수 있다.

수민은 정말 열악하게 살아왔다. 아버지는 자기 뜻에 어긋나면 소리 지르고 때리는 사람이었는데, 너무 똑똑하고 의지가 강해서 감히 반항 한 번 못해봤다. 어머니는 변덕이 너무 심해서 어떤 때는 수민이 불쌍하다며 잘못을 해도 적당히 감춰줬지만, 자기 기분이 틀어지면 아버지에게 일러바쳐서 일을 더 크게 만들곤 했다. 수민은 항상 부모 눈치를 보는 데만 온 신경이 집중된 것처럼 보였고, 그나마도 부모들이 언제 화를 낼지 전혀 감을 잡을 수 없기 때문에 포기해 버렸다. 야단을 맞고 있을 때면 얼굴에 죽고 싶다는 생각이 읽힐 정도로 절망감이 보였다.

최악의 경우다. 장점이 없는 것은 물론, 단점이 있는 정도가 아니라 상대를 괴롭히고 악영향을 뚜렷하게 끼치는 사람이 두 명이나 모인 케이스다. 이쯤 되는 집안은 100가족 중 한둘 정도 있다. 말할 것도 없이 TV 출연감이며 답이 잘 나오지 않는 집안이다(즉, 세상에는 TV 출연감인 가족이 매우 많다). 이러한 집안의 유일한 장점은 그나마 아버지의 돈이지만, 그것은 큰 도움이 되지 않는다.

이 가족에게 관여하려면 다음과 같은 것이 필요하다. 아버지 수준은 아니더라도 어디 가서 꿀리지 않을 정도의 재산(돈이 다라고 생각하는 사람에게는 돈이 있어야 말이 통한다), 수민을 아들 같이 생각하고 돌볼 각오, 부모와의 수많은 말싸움에도 눈 까딱하지 않을 만큼의 기세와 지식. 따라서 의사가 공식적인 치료로 해결하기는 힘들다. 가끔 친척이나 지인 중에 이런 요건을 갖춘 분들이 있어서 열악한 인생을 구원해주기도 한다.

1. 강한 아버지와 약한 어머니

① 집중력장애를 가진 아버지

- 집중력장애 남성은 보통 단순하고 고집이 세며, 의존적인 여성과 결혼한다.
- 집중력장애는 유전성이 거의 90퍼센트에 달하기 때문에 이들의 자녀 역시 의존적인 어머니를 괴롭히는 산만한 아동으로 성장하기 쉽다.

② 지시하는 타입의 아버지

- 사회에서 성공했으나 정신적으로는 미숙한 타입이며, 보통 순종적인 여성과 결혼한다.
- 이들의 첫째 아이, 특히 장남은 아버지에게 동화되는 편이고, 둘째 이하는 수동공격형으로 자라기 쉽다.

③ 도덕적으로 엄격한 아버지

- 훈계를 하더라도 너무 세세한 부분까지 원칙을 지키려 하면 아이가 마음을 닫아버리게 된다.
- 잘못했을 때 야단치지 않고 자상하게 기도하는 부모 밑에서 자란 아이는 자격지심이 생겨 더 비뚤어질 수 있다.
- '아이에게 꼭 지키게 하고 싶은 것 리스트'를 작성하게 하여 그것만은 지키도록 유도하는 것이 좋다.

④ 이혼 후 양육의 책임을 맡은 어머니

- 이혼 후 아버지가 아이를 키울 때는 아이에게 결핍의 문제가 생기기 쉬우며, 어머니가 키울 때는 불안의 문제가 생기기 쉽다.
- 나약한 어머니가 키울 경우, 특히 아이가 어머니를 경멸하면서 아버지에 대한 분노를 투사시킬 수 있다.

2. 강한 어머니와 약한 아버지

① 무기력하고 우유부단한 아버지

- 감정표현이 적은 남자라도 실제로는 분노나 성공에 대한 욕구에 불타고 있다.
- 사업실패 등으로 가족과 멀어진 후, 자신을 인정해주는 여성이 생기면 이러한 아버지는 급속히 끌린다.
- 이들의 구원자는 자식, 특히 딸이다.

② 남편과 자식을 제 뜻대로 하려는 어머니

- 강한 여성의 아들은 어머니와 비슷하거나 자기 의견을 대변해주는 여성을 선택한다. 결국 강한 여성 2명 사이에 끼게 되는데, 이때 부인과의 관계에 더 비중을 두어야 한다.
- 어머니의 관심에서 비껴난 자식은 어머니와 거리감을 유지하려 애쓰며 결혼에 회의적인 시선을 보낸다.

③ 강박증에 걸린 어머니

- 아이의 청결이나 성실에 집착하는 어머니라면 '내가 아이를 이해하고 있는가'를 먼저 생각해야 한다.
- 강박증 어머니 밑에서 자란 아이는 감정표현 하는 법을 배우지 못하는 경우가 많다.

④ 철없고 제멋대로인 아버지

- 결혼 전에는 리더십 있고 잘 놀고 인기 많은 남자가 20대 이후를 잘 준비하지 못하면 철없는 남편으로 전락할 가능성이 크다.
- 철없는 남자는 자기를 조절해줄 여자를 택하지만, 정작 조절 당하지는 않는다.
- 이들을 변화시키기는 힘들고, 가족에게 피해주지 않는 방법을 모색하는 편이 좋다.

3. 부모 모두에게 문제가 있는 경우

① 자식에 대한 관여가 부족한 부모

  • 아이를 방치하는 것에 가까운 부모 밑에서는, 아이가 사회성이 부족하고 감정이
    메마른 사람으로 자란다.

  • 아이가 초등학교 고학년이 되면 최소한의 자기관리, 3분 이상 지속되는 부모와
    의 진지한 대화, 친구와의 관계에서 자신의 책임 및 잘못을 이해하는 것이 가능
    한지 체크해줄 필요가 있다.

② 성실하지만 융통성이 부족하고 감정표현에 서툰 부모

  • 본인이 자식과 대화를 많이 하고 올바르게 양육했다고 생각하는 부모라도 아이
    의 생각은 다를 수 있다.

  • 노력했지만 아이 양육에 실패했다고 생각하는 부모라면 자신에게 애정과 용서
    대신 진실과 정의만 있었던 것은 아닐까 곱씹어봐야 한다.

③ 자식에 대한 이해가 부족한 부모

  • 선하지만 대화가 잘 안 통하는 부모의 경우 자극적인 말로 공격하여 문제를 끄
    집어내야 한다.

  • 이들의 아이는 새로운 사람과의 관계를 늘려가면서 부모에게 받지 못한 새로
    운 영향을 수혈받을 필요가 있다.

④ 성격이 특이하고 강한 부모

  • 어디 가서 꿀리지 않을 정도의 재산, 이들의 아이를 자기 아이처럼 돌볼 각오,
    당찬 기세와 지식이 있어야 이들을 상대할 수 있다.

2장

내 조부모는 누구인가, 나는 몇 번째로 태어났는가?

무서운
유전의
반복

01

갈등은 대를 타고 이어진다

_ 조부모와의 관계

요즘은 부모가 맞벌이를 하면서 아이의 양육을 조부모가 도와주는 경우가 많아지고 있다. 아이와 조부모의 관계는 아이와 부모의 관계와는 달라서, 득과 실이 확실하게 존재한다.

사실 할아버지, 할머니가 초보 아빠, 엄마보다는 애들을 훨씬 더 잘 본다. 사실 너무 잘 봐서 문제다. 아이가 스스로 생각해서 행동을 취하기 전, 미리 알아서 "너 목마르지? 배고프지?" 하며 다 처리를 해주기 때문에 정신적 발달을 이루기가 힘들어진다. 체력이 부치는 바람에 아이의 활동성을 모두 상대할 수 없는 것도 문제가 된다. 결국 부모에게는 부모, 조부모에게는 조부모로서의 역할이 있는 것이고, 그것을 서로 완전히 대치할 수는 없는 법이다.

여기서는 조부모의 가정 내 역할이 아니라, 나 자신과 부모와의 관계가 어디에서 출발했는가를 알아보기 위해 부모와 자식의 관계가 대를 타고 연속되는 사례를 살피고자 한다. 진료를 하다 보면 부모의 갈등이 자식에게도 콤플렉스를 가지게 만들고, 그 콤플렉스가 다시 자식에게 모종의 영향을 주어 갈등을 유발하는 것을 볼 수 있다.

　내가 아버지와 사이가 나쁘다고 하자. 그런데 그 아버지도 자신의 아버지와 사이가 좋지 않았다. 심지어 그 위의 아버지도 그랬다. 그런 식으로 수십 세대의 아버지와 아들이 대립해서 살아온 집안인데도, 대를 타고 계승되는 나쁜 부자 관계에 의문을 품어본 적이 없다면, 얼마나 끔찍한 일일까? 여태껏 봐온 '할아버지와 아버지'의 관계를 '아빠와 나' 같은 관계로, 전혀 새로운 관점에서 바라볼 때, 비로소 이 악순환의 고리에서 벗어날 수 있는 힘이 생겨날 것이다.

증오하면서 닮아가는
모순의 관계

　한 할머니가 병원을 찾았다. 딸과 손녀가 너무 걱정된다는 이유에서였다. 딸은 어릴 때부터 매우 예민했는데, 결혼 후에도 아이를 심하게 다룬다는 것이었다. 손녀도 예민한 편으로, 초등학생이 된 요즘은 하얀 옷만 입으려 하고 조금만 얼룩이 묻어도 옷을 갈아입으려고 해서 어머니와의 갈등이 높아진 상태라고 한다. 할머니는 아무리 봐도 딸이 너무 애를 야단치고 공부 타령을 해서 이상해진 것 같다며, 딸에게 애를 그렇게 다루지 말라고 해도 말을 듣지 않고 오히려 심하게 화를 내서 지금은 지켜보는 중이라고 했다.

　의사의 권고로 결국 할머니가 모녀를 병원에 데려왔다. 열 살인

손녀 소영의 상태는 좋지 않았다. 겉보기에는 말 잘 듣는 얌전한 여자아이일지 모르지만, 가만 보면 멍한 얼굴에 감정표현이 극도로 적었고, 어머니의 의견에 아무런 의지표명 없이 동의하기만 했다. 마흔 셋의 어머니 지윤은 할머니가 고집을 부려서 끌려왔을 뿐이라며 의사에게 그다지 호의적이지 않았다.

면담과정에서 할머니는 자신의 딸이 자기 말을 듣지 않는 것에 매우 불안해했다. 그녀는 의사가 딸을 설득시켜주길 바랐는데, 반대로 지윤은 어머니가 어릴 때부터 너무 잔소리가 심하고 자기 맘대로 자신을 조종하려고 한다며 노골적으로 반감을 표시했다. 소영의 경우 자신의 의지가 거의 엿보이지 않아, 어머니의 간섭을 줄이고 감정표현을 늘여야 했다. 그러나 어머니는 아이의 증상을 인정하기 힘들어했고 치료는 더디게 진행되었다.

이는 실제로 봤던 몇 집안의 이야기를 섞어놓은 것이다. 할머니는 딸을 어릴 때부터 강압적으로 키웠다. 할머니는 매우 불안한 사람으로, 나이가 들어서도 딸을 자기 뜻대로 움직이고 싶어한다. 지윤은 그런 어머니에게 질릴 대로 질린 사람이다. 나이도 마흔을 넘었으니, 어머니 말을 들으며 살고 싶지는 않다. 그러나 아이러니하게도 자신 역시 어머니와 다른 양육방식을 알지 못한다. 그래서 자기도 모르게 어머니의 방식에서 별로 벗어나지 못한 채로 자신의 아이를 대한다. 가끔은 할머니와 다르다는 것을 보여주고 싶어서 아이에게 "네 뜻대로 해"라고 하지만, 결국 어머니가 이끌어가야 하는 부분과 아이의 의견을 물어봐야 하는 부분을 구분하지 못한다. 결정할 수 없는 일을 물으니 아이는 당연히 결정을 하지 못하고, 그러면 엄마는 짜증을 내면서 할 수 없다며 자신이 결정을 내리곤 한다. 할머니가 불안으로 딸을 대했다면, 그 딸은 어머니가 되어 자기 딸을 짜증으로 대하고, 손녀는 무기력으로 답하고 있는 형국이다.

소영은 어떻게 자라날까? 다행인 점은 어머니인 지윤은 할머니에게 저항할 수 있는 자아를 지닌 사람으로 자라났다는 것이다. 하지만 손녀의 경우 어린 나이에 심각한 무의지를 보였으므로, 누군가 개입하지 않는다면 아무 생각 없이 남에게 극단적으로 의지하는 사람으로 클 가능성이 높다. 아니면 10대에 자아가 발달하는 경우, 어머니에 대한 분노로 가득 찬 또 한 명의 여자로 자라나게 될 것이다. 이렇게 사람은 유전자 외에도 불안과 분노를 아랫세대에 전달한다.

이런 집안은 어떻게 해야 할까? 매우 힘들다. 의사가 할 수 없는 일일 수도 있다. 위의 할머니처럼 설득을 해달라며 내원하는 경우, 의사는 그 집안싸움에 끼어들 각오를 해야만 한다. 처음부터 가족의 편견을 안고 싸워야 하는 것이다. 나는 위의 세 명 중 손녀를 가장 우선시해야 한다고 생각한다. 의사에게는 환자의 증상을 이해하는 사람이라면 악당이라도 내 편이고, 이해하지 못하는 사람은 성자라도 적이다. 따라서 이 경우에는 어머니가 나의 적이다.

지윤에게는 사실 동정은 간다. 할머니의 집요한 잔소리에 짜증이 나는 것도 이해는 된다. 만약 본인이 직접 상담을 해왔다면 얼마든지 진심으로 도와줬을 것이다. 하지만 아이를 치료하는 데 어머니로서 문제점 인식을 거부하는 것만은 용납할 수 없는 일이다. 의사는 지윤을 계속해서 설득해야 한다. 문제는 지윤이 보기에 의사가 짜증나는 어머니 편에 붙어 자기를 설득하려 드는 '엄마의 대변자' 정도로 느껴진다는 점이다. 따라서 이성적인 태도를 보이지 못하고 의사에게 분노를 표시하기 시작한다.

이런 식으로 시작된 치료는 결과가 좋을 수 없다. 가족 간의 복잡한 요인들이 얽혀서, 의사가 어떤 수를 두어도 한쪽에서는 불만이 터져 나온다.

자, 이럴 때는 어떻게 해야 할까? 판을 뒤엎어야 한다. 의사의 목적은 저 아이가 치료되는 것이다. 따라서 어머니가 치료를 중단할 것을 각오하고 이 가족의 문제를 노골적으로 물고 늘어져야 한다.

어머니는 의사에게 크게 분노하면서 다시는 이 병원에 오지 않겠다고 나가버릴 것이다. 하지만 그것이 내가 바라는 바이다. 이 어머니는 의사에게 분노하지만, 분노를 방출한 만큼 고집이 줄어들어서 결국 자신과 아이 사이에 문제가 있다는 것을 인정하고 다른 병원이나 치료실에 갈 수밖에 없다. 의사는 분명 나중에 소문을 통해 아이가 타원에서 치료를 받고 좋아졌다는 소리를 듣게 될 것이다.

부모와 반대의 삶을 살기로 작정한 이들

스무 살이 된 노주는 아버지에게 불만이 많다. 아버지가 어릴 때부터 항상 엄격했고 자신과 진심으로 즐겁게 놀아준 기억도 잘 나지 않는다. 똑바로 살아야 한다는 말만 너무 많이 들어 귀에 딱지가 앉을 지경이다.

가장 기억에 남는 사건은 중학교 때 친구 몇 명과 얄미운 녀석을 같이 때려준 것이 아버지 귀에 들어갔던 일이다. 노발대발하는 아버지의 모습이 노주에게는 평생 상처가 되었다. 대학에 들어가 술을 많이 마시고 들어왔을 때도 아버지는 엄청 화를 내셨는데, 이때는 노주가 평소의 불만을 모두 쏟아내버렸다. 이후 아버지와의 사이가 냉랭해져 버렸다.

아버지는 자신의 아버지, 즉 노주의 할아버지에 대해 추억하곤 한다. 술 잘 드시고 놀기 좋아하는 한량이었던 할아버지는 되지도 않는 사업을 벌여 재산을 까먹고 도박까지 벌이다가 처와 자식들 고생은 고생대로 시키고 50대에 암으로 돌아가셨다. 우는 어머니를 보며 저렇게는 살지 않겠다고 굳게 다짐했다는 노주 아버지는, 크게 성공한 건 아니지만 열심히 살아왔다고 자부하는데 아들이 자기 마음을 몰라주고 어리석은 반항을 하는 것 같아 마음이 불편하다.

사람은 극단적인 상황에 놓이면 양자택일을 해야 한다. 복종하든가, 저항하든가. 물론 복종해서 부모를 그대로 닮아가는 경우가 더 많다.

위의 사례에서 할아버지는 술을 좋아하고 자유분방하며 책임감 없는 사람이다. 그 아들은 아버지와 반대의 삶을 살기로 작정한다. 아버지를 극복하기 위한 삶이기 때문에 아들의 삶은 더 적극적이고 과장되어 있다. 문제는 저항하는 삶의 결과가 자신의 자식을 반발하게 한다는 것이다. 부모의 단점은 자식에게 큰 콤플렉스를 형성하게 되고, 자식은 부모의 그늘만 벗어나면 올바른 삶을 살고 있는 것이라고 믿게 된다. 그러나 자기가 생각한 올바른 삶은 그저 부모 삶의 반대편 삶일 뿐이다.

복잡한 변수가
끼어든 집안

할머니는 자신이 무식하다는 사실을 무척이나 부끄럽게 생각한다. 유일한 딸이던 할머니는 오빠와 남동생들 뒷바라지를 해야만 했다. 그것이 당연한 시대였다 해도, 할머니는 불공평한 대접을 많이 받았던 것 같다. 할머니가 번 돈으로 학비를 내면서도 할머니의 오빠나 남동생들은 할머니를 존중해주지 않았다. 그래서 할머니는 형제들을 향한 불만이 많았으며, 본인이 배운 게 없어서 이런 대접을 받는다고 생각했다.

할머니는 자신의 장남에게 공부를 많이 시켰다. 그러나 아들이 조금이라도 공부 잘하는 걸 자랑하려는 기색이 보이면 심하게 야단을 쳤다. 아들에게 항상 "넌 머리가 나쁘다. 그러니까 어떻게든 노력해야 한다. 삼촌 집 아들 알지? 그 집 아들 잘난 척하는 거 보고 싶나? 네가 열심히 해서 어미 한 풀어줘야 한다"라고 했다. 아들은 자신의 IQ가 140이 넘는다는 사실을 서른 살이 되어서야 알게 되었다.

과묵하게 자란 아들은 다정다감하고 성실한 스타일의 여성을 만나 중매결혼을 했다. 이후 아들 정진을 얻었는데, 줄곧 회사일이 바빠 아이와는 그다지 접촉이 없었다.

정진은 독자로서 비교적 무난하게 성장한 편이다. 정진은 어릴 땐 말이 많은 편이었는데, 자기라도 떠들지 않으면 집안이 썰렁해지는 것 같아서 그랬던 기억이 난다. 나이가 든 지금, 어머니와는 대화가 되지만 아버지는 어딘가 겉도는 것 같다. 가까워지려 해도 항상 재미없고 뻔한 이야기만 해서 대화하기가 싫다. 정진은 아버지를 보며 나중에 자신은 아이도 한 5명 정도 낳고, 항상 떠들썩하게 놀러다니며 즐겁게 살 것이라고 다짐했다.

이런 이야기를 읽다 보면 '우리 집은 안 그런데' '나는 이렇지 않은데' 하는 생각이 들지도 모른다. 당연하다. 현실은 대단히 많은 변수하에 만들어지기 때문에 딱 맞아떨어지는 케이스는 드물다. 위의 경우는 보통 많이 보는 집안의 이야기인데, 이전 케이스처럼 서로의 관계를 명확하게 파악하기에 애매하다고 느껴질 것이다. 그나마 보이는 것이 있다면 '증조부-할머니-아버지-아들'을 통해 내려오는 영향 정도이지 않을까.

아마도 정진의 증조부모들은 아들과 딸을 많이 차별했던 분인 것 같다. 아들들이 대놓고 딸을 무시해도 아무런 견제도 하지 않고, 여자로서의 의무만 강조했을 것이다. 결국 할머니는 '형제에 대한 한'과 '공부에 대한 집착'이라는 두 가지 핵심 콤플렉스를 가지게 된다. 그리고 아들에게 다른 모든 것을 희생해서라도 '공부 열심히 해서 성공할 것'과 '자신을 낮추고 겸손할 것'을 요구한다. 아들, 즉 정진의 아버지는 그것을 받아들인다.

문제는 정진의 아버지가 어릴 때 정진의 할머니가 부여한 의무감 때문인지 감정표현이 부족한 사람이 되었다는 것이다. 능력을 인정받은 경험이 별로 없다 보니 자신감이 부족해졌고, 큰일을 벌이기보다는 성실한 정도에 만족할 수도 있다. 내심 할머니가 바란 것만큼 높은 성취를 이뤄내지는 못했다고 생각하는 것은 아닐까? 이런 경우 항상 뭔가가 부족하다는 느낌으로 살게 되는데, 정작 그것이 무엇인지는 잘 모를 수 있다.

독자로 사라난 정진은 남자로서 당연히 아버지에게 호기심을 가지고 있다. 하지만 아버지는 마음을 잘 열어주지 않는다. 자연스레 어머니와 가까워지고 어머니 성격의 좋은 점을 흡수하여 비교적 활달한 성격으로 자라게 된다.

그러나 정진도 아버지에게 정신적 유산을 받지 못한 독자로서의 공허감이 있다. 이를 자기 가정을 꾸린 다음 회복하려고 하지만, 글쎄. 원하는 대로 되지만은 않을 것이다. 다행인 것은 세대를 거치면서 불행을 기초로 한 콤플렉스가 많이 줄어들게 되어 다음 세대에는 좀 더 좋은 관계를 가질 가능성이 높아졌다는 것. 만약 정진 아버지의 사회적 지위가 아주 높았다거나 정진에게 형제가 있었다면 이야기는 또 달라졌을 것이다. 긍정적인 요소가 있으면 당연히 좋은 결과를 가져올 확률이 높아지게 마련이다.

02
몇 번째로 태어나셨어요?
_ 형제자매와의 관계

형제자매 중 몇 번째 출생인가에 따라 성격의 성향이 결정된다는 이야기는 많이 들어보았을 것이다. 그러나 실제로는 너무 변수가 많아서 첫째와 막내 외에 '저 사람은 몇째라 저렇다'라고 뚜렷하게 말하기 힘든 경우가 많다.

그럼에도 불구하고 가끔씩은 너무나도 명확한 갈등이 형제 사이에서 빈번하게 벌어지는 것을 볼 수 있다. 도무지 상담이 진행되지 않을 때, "가족이 어떻게 되세요?"라고 물어본 다음에야 모든 궁금증이 풀리는 경우가 많다. 여기에서는 이 과정을 체계적으로 다루기보다 개인적으로 자주 겪는 케이스에 대해서만 적어보려 한다.

일단 출생순서에 따라 어떤 성격을 갖게 되는지부터 훑어보겠다. 이에 관해서는 클리프 아이잭슨의 이론이 비교적 흥미롭다. 그는 자신의 책 《출생의 심리학 *The Birth Order Effect*》에서 외동은 물론 첫째부터

넷째까지 각각 특정 성격을 가지고 있다고 말한다. 핵심은 형제간의 경쟁구도가 각자에게 콤플렉스를 형성시켜 성격적 특성들이 생겨난다는 것이다.

쉽게 생각해보자. 사람의 성격에는 10세 이전의 대인관계가 큰 영향을 끼친다. 따라서 부모의 양육방식이 가장 중요하며, 형제와의 갈등구조가 두 번째로 중요하다. 앞서 태어날수록 처음에 부여받은 권리를 점차 빼앗기는 처지에 놓이고, 막내로 갈수록 태어날 때부터 모든 것이 결정된 상황에 놓인다. 이때 부모에게 인정받기 위해 어떤 행동을 하느냐가 관건이 된다. 이 얘기는 쉽지 않다. 개인의 능력 차이가 있어서 막내가 첫째보다 뛰어난 경우도 있기 때문이다.

외동일 때는 부모의 관심을 독차지하므로 특별히 누군가와 경쟁해본 적이 없다. 따라서 자기가 알아서 일을 처리하고, 계획 짜는 것을 좋아하며, 자신만의 시간을 가지려고 한다. 간섭받는 것을 싫어하고, 현 상황이 유지되었으면 하는 보수적 경향을 띤다.

여러 형제 중에 첫째인 아이는 부모를 독차지하는 줄 알았다가 갑자기 둘째, 셋째가 태어나는 바람에 부모의 애정을 박탈당하고 만다. 때문에 다른 사람에 대한 우위를 유지하고 싶어하는 특성이 있다. 타인에 신경을 많이 쓰고 사람들을 달래려는 경향이 있는 한편 정작 자신의 감정에는 어둡다. 어딘가 권리를 박탈당한 외동의 느낌이다.

둘째는 태어날 때부터 이미 첫째가 존재하는 상황에 놓인다. 장자의 권한을 가지고 싶어하지만, 실제로 가질 수 없다는 것을 잘 안다. 그래서 자신의 영역을 찾아 완벽함을 보이고 싶어한다. 그 결과 자격지심과 자존심이 강해지고, 전문 분야에 종사하는 완벽주의자가 될 가능성이 높다. 한편 칭찬에 어색하고 논리적이어서 충고가 많다는 특성을 가지기도 한다. 개인적으로도 둘째라 하면 '독립적이고 일을 알아서 하는 대신 좀 까칠한 인간'이라는 선입견을 가지고 있다.

셋째는 첫째, 둘째에게 당연히 억눌린 채로 삶을 시작한다. 역전도 힘들어 보이므로 '더 당하지만 말고 살았으면 좋겠다'고 느끼는 경향이 있다. 그래서 두려운 것을 싫어하고 소외계층을 동정하고 타인을 돕는 경향이 있으며, 감정이 풍부한 편이다. 첫째와 전략적 제휴를 맺고 둘째와 맞서는 경우도 많다. 이때 첫째를 이상화시키면서 따르기도 하는데, 이래저래 둘째는 시큰둥해질 수밖에 없다.

넷째는 뭐, 희망이 보이지 않는다. 삶이 힘들다. 어차피 미숙하다거나 어리다는 평가만 받는 편이어서 열심히 노력해야 인정받을 수 있다. 이들은 타인에 대해 의심이 많고 분석적인 편이다.

물론 장남으로 태어났다고 해서 꼭 첫째 성격인 것은 아니고 가족 내부의 상황에 따라 다른 성격을 소유할 수도 있다. 또한 부모의 성격을 물려받기 때문에 근원적인 성격은 가족 내부의 관계를 주로 따르면서도 일반적인 성격은 훨씬 더 복잡한 양상을 띠게 된다. 평소에는 2차적으로 획득한 성격을 자신의 성격이라고 생각하며 더 선호하지만, 스트레스를 받게 되면 자신의 본래 성격이 튀어나오게 된다.

이와 같은 아이잭슨의 이론에 상당 부분 동의하지만, 몇 가지 우리나라 상황에 맞지 않는 이야기도 있다. 요즘은 넷째 이상 아이 낳는 경우를 거의 보기가 힘들어서, 첫째, 둘째 그리고 언급되지 않은 막내의 성격 정도만 확연하게 눈에 띄는 편이다. 또한 학력평가가 심한 나라라 그런지 성적에 따라 형제들 간의 갈등구조가 정해지는 경우도 많이 볼 수 있다.

장남에게는 집안을 이끌어나갈 사람이라고 무조건적인 애정을 보내는 편이어서, 자신이 확실하게 부모의 관심을 받고 있다고 느끼는 아동은 동생들이 안중에 없고 외동과 비슷한 성격이 되기도 한다. 그러나 동생보다 성적이 나쁘거나 기질적으로 부모를 힘들게 해서 첫째임에도 능력을 충분히 인정받지 못하면, 확실히 다른 사람을 장악하고 싶어하고 인정받고 싶어하는 성격이 되는 것 같다.

막내는 형제자매와 터울이 적으면 아이잭슨의 셋째 혹은 넷째의 성격과 비슷해지지만, 다른 형제들보다 실력을 더 인정받으면 둘째처럼 독립적인 성격이 되기 쉽다. 자신을 증명하려는 욕망이 강하기 때문이다. 터울이 많이 날 때는 부모의 직접적인 영향을 받거나 아니면 아무런 영향도 받지 못해 독자와 비슷한 성격이 되기도 한다.

결핍의 문제를 가진
2녀 1남의 둘째 딸

20대 후반의 태연은 질투가 많은 편이다. 항상 투덜거리는 것은 기본, 남 앞에서는 말 못하면서 꼭 나에게만 뒷얘기를 털어놓곤 한다. 내가 편하다나? 남의 얘길 잘 들어주는 편이긴 하지만 끝없는 태연의 질투 얘기에 질려서, 어느 날 이야기의 주제를 가족으로 돌려보았다.

"참, 너희 언니 잘 지내시니? 지난번에 보니까 되게 예쁘더라?"

"언니가 예쁘다고? 흥! 고게 얼마나 여우인지 몰라서 그렇지. 2살 차이밖에 안 나는 주제에 자기가 한참 위인 줄 알아요."

"아이고, 네가 언니라고 좋게 얘기하겠냐. 내 그럴 줄 알았다. 동생하고는 잘 지내?"

"동생? 남들은 남동생이 누나한테 그렇게 깍듯하게 한다는데, 이 녀석은 만날 언니하고만 짝짜꿍이 맞아서는. 언니한테는 누나, 누나 하면서 엄청 잘하는데, 나한테는 막 대하면서 그냥 이름 부른다니 까? 아빠, 엄마도 언니는 장녀라고 예뻐하고, 동생은 막내라고…. 그래, 아들이라 그거지."

"너 언니나 동생한테 그런 얘기 해봤어?"

"그런 말을 왜 해?"

"한번 집에 가서 해봐. 생각보다 재미있는 얘기들을 할걸?"

그러고 나서 며칠 뒤, 태연은 진지한 얼굴로 나타났다.

"야, 네 말대로 좀 물어봤는데 내 생각하고는 좀 다르더라."

"아, 언니랑 동생? 뭐라고 하는데?"

"아니, 둘 다 내가 아빠, 엄마 사랑 독차지하려고 난리였다고 하더라. 난 반대인 것 같은데."

"그게 그런 거야. 전부 자기가 피해자라고 생각한다니까? 남이 더 많이 가진 것처럼 느낀다고."

아직은 독립적이라든가 완벽주의적이라는 느낌은 들지 않는다. 둘째가 자신의 결핍을 항상 좋은 방향으로 승화시키는 것은 아니다.

평생 거기에서 벗어나지 못하고 질투심으로 살아가는 사람도 많다. 다행히도 태연은 다른 형제에 대한 갈등을 푸는 실마리를 방금 잡아낸 것 같다.

태연은 언니에 비해 자신이 항상 부족하다는 느낌에 시달리며 살았다. 동생이 여자라면 자신도 언니 역할을 할 수 있었겠지만, 남동생은 집안에서 색다른 위치를 차지했다. 그러자 그녀는 자신의 가치를 증명해내지 못했다고 느끼면서, 계속해서 형제자매에 대한 질투심에 시달리게 되고 상대에게 나쁜 성질을 투사하게 된다. '부모는 그들만 사랑한다. 언니는 모든 걸 누렸고, 막내는 아들이라 존중받았다. 다들 나만 따돌린다'고 생각하는 것이다.

그러나 실상은 어떠한가? 태연이 어릴 때부터 질투심이 많아 칭얼거릴 때마다 부모가 신경을 많이 쓰는 편이었고, 언니는 언니라는 이유로 참곤 했다. 동생은 누나가 자기를 함부로 대한다고 생각했고, 성질 나쁜 누나보다는 얘기도 통하고 장녀로서의 권위도 느껴지는 큰누나가 더 좋았다. 하지만 가족 모두 이런 얘기를 터놓고 말해본 적은 없었다.

감정에 억눌린
5녀 1남의 다섯째 딸

윤아는 항상 공허하다. 매사 자신이 없고, 어떻게 살아야 할지 인생의 목표도 없었다. 어린 시절부터 그랬던 것 같다.

시골에서 자란 윤아에게는 5녀 1남의 형제자매가 있다. 윤아를 낳은 후 어머니는 아들이 아니라는 이유로 울면서 윗목에 밀어놓고 일주일이 지나서야 제대로 젖을 물렸다고 한다. 다시는 애를 갖지 않겠다고 하다가 2살 아래 남동생 영남이가 태어났다. 큰언니와는 13살 차이다. 동생은 어릴 때부터 귀빈 대접을 받았다. 귀한 음식은 온통 영남이 차지였다.

나와 상담을 하면서 막연한 공허감, 불면증, 불안감 등을 토로했던 여자 분이 있다. 특별한 스트레스 요인도 없고, 남편이나 자식이 말썽을 부리는 것도 아니고, 시댁이나 친정에 큰 문제가 있는 것도 아니고, 돈 문제도 없는 분이었다(대개는 방금 말한 문제들로 병원을 찾는다). 이렇듯 막막하다 싶을 때는 꼭 가족관계를 물어본다. 그러면 열에 일곱은 5녀 1남의 넷째 혹은 다섯째 딸이다.

둘째는 질투라도 하고, 셋째는 체념이라도 하지, 이들은 그런 감정을 가지기조차 힘들다. 우리나라의 특수한 상황일 거라 생각되지만, 대개 이런 경우 자식으로서 온전한 애정을 받기 힘들었을 것이고, 그 이후 태어난 동생이 받는 불평등한 대접에 대해 꼭 참고 살았어야 했을 것이다.

그 결과 감정을 누르고 복잡하게 생각하지 않고 사는 사람이 되어 겉으로는 큰 문제가 없는데도 어릴 때 느낀 박탈감에 얽매여 스스로 풀려는 시도도 못한 채 괴로워하는 것이다. 어찌 보면 앞에 등장한 태연의 케이스도 2녀 1남의 둘째로서 이와 비슷한 상황으로 읽을 수 있다.

여성적으로 성장하는
5녀 1남의 막내아들

병환은 착하다는 소리를 많이 들었다. 사실은 숫기가 없고, 딱히 욕심을 부리지 않는 편이다. 어린 시절부터 그랬던 것 같다. 집안이 5녀 1남으로 큰누나와는 스무 살, 막내 누나와는 열 살 차이가 난다. 병환이 태어났을 때 집안에 드디어 아들이 생겼다고 부모님은 물론 누나들까지 너무 좋아했다고 하는데, 그렇다고 3대 독자 수준은 아니어서 제멋대로 큰 것은 아니었다.

병환에게 부모님은 너무 나이가 많아서 말이 잘 안 통했고 누나들은 오히려 무서웠다. 그는 말 잘 듣는 남동생으로 자라났다.

앞서 윤아의 남동생은 귀한 독자로서 부모의 전폭적인 지지를 받으며 자랐다. 누나들과도 비교적 나이차가 크지 않아 최소한 넷째, 다섯째 누나와는 맞먹었을 수도 있다. 따라서 박탈감은커녕 자신이 최고라는 생각을 가지고 자랐을 가능성이 높다. 이들은 막내이면서도 외아들 같은 성격을 가지고 있다.

그런데 여기 나온 병환은 윤아의 남동생과 유사해 보이지만 결과는 상당히 다르다. 병환은 그렇게까지 귀한 아들 대접을 받지는 못했다. 다섯 자매는 아들이 없는 상태에서 자기들끼리 이미 결속력을 다진 상태고, 이제 어느 정도 나이가 들어 어린 남동생 따위가 그다지 경쟁상대가 되지 못한다. 게다가 아버지는 연세가 많아 남성의 롤모델도 부재해 있다.

따라서 병환은 그냥 여섯째 딸 같은 입장으로 성장하게 된다. 이

런 경우 말씨나 행동이 약간 여성적이고, 매사에 수동적인 남자가
되는 편이다.

갈등관계에 놓인
3남 3녀의 장녀와 차남

쉰 살인 효연은 3남 3녀의 장녀다. 형제는 '아들-아들-딸-딸-
아들-딸' 이다. 아버지는 어릴 때부터 장남의 권위를 존중했다. 큰
오빠는 공부도 잘해서 최고의 명문대를 나왔고, 동생들에게도 잘하
는 편이었다. 항상 공정하게 대하려고 애쓰는 것이 눈에 보이는 느
낌이었다. 그에 비해 둘째 오빠는 별로 말이 없고 짜증을 잘 내는 편
이었으며, 다른 형제들과도 어울리지 않았다.

효연은 큰 오빠를 친하게 느끼기보다 존경했고, 둘째 오빠와는 사
이가 나쁘다기보다 잘 맞지 않는다고 느끼는 정도였다. 성격이 좋은
편이라서 아래 여동생과 남동생은 효연과 잘 지냈다.

문제는 큰오빠가 서른 살에 미국유학을 간 뒤 귀국하지 않는다는
것이었다. 결혼문제로 아버지와 갈등이 생긴 후, 큰오빠는 그쪽에
정착해버렸다. 아버지는 그 때문에 많이 실망하셨다. 결국 둘째 오
빠가 부모님을 모시게 되었고, 유산에 대한 권리도 갖게 되었다. 그
러나 여전히 툭하면 큰아들 타령을 해대는 아버지와 둘째 오빠는 싸
움이 잦았다.

그러던 중 둘째 오빠가 노골적으로 아버지의 땅 명의를 자신의
이름으로 해두려 하는 일이 벌어졌다. 이에 효연을 비롯한 나머지

동생들의 불만이 고조되어 항상 견제를 하는 상황이 되었다. 효연은 둘째 오빠와 만나기만 하면 크게 말싸움을 하게 되어 이제 얼굴 보기도 불편하다.

주변에서 많이 보는 형제간의 갈등상황이다. 이 가족에 대해 분석을 좀 해보자. 아마도 장남은 자신이 가족의 중심이 되어야 한다는 것에 부담을 많이 느낀 듯하다. 그러다 미국에서 가족의 압박으로부터 벗어나는 가능성을 보았을 테고, 결국 아버지와 절연을 선언한 것으로 보아 평소 참았던 부모에 대한 불만이 상당하지 않았을까 생각해본다.

둘째는 장남에게 쏟아지는 아버지의 애정에 불만을 가진 채로 자신의 독립성을 지키려는 성향이 생겼을 것이다. 그에 비해 셋째인 장녀 효연은 셋째로서의 성격을 기본적으로 가지고 있지만, 장녀이기도 해서 자신이 나머지 동생을 이끌려고 한다.

문제는 장남이 부재하자 마치 둘째와 셋째의 왕위계승 암투 같은 상황이 벌어지고 있다는 것이다. 둘째는 비림받았던 2위 왕자와 같다. 아버지에 대한 감정이 좋을 수 없으며, 이제 와서 자신이 장남의 의무를 져야 한다는 것이 짜증날 뿐이다. 그러면서도 꿈꾸던 위치가 눈앞에 있다. 이런 경우 둘째는 너그럽고 관대한 왕이 되기보다는 자신이 원하는 것을 얻으려고만 하는 무서운 왕이 될 가능성이 높다.

효연은 자신의 정당성을 내세우지만, 사실은 어릴 때부터 무의식중에 자신의 존재를 입증하기 위해 노력을 해왔다. 평소에는 순한 성격이고 돈에 별로 관심이 없던 사람이, 지금 같은 상황에서 둘째 오빠와 너무나도 집요하게 싸우고 있다면, 그것은 유산에 대한 욕심 때문이라기보다는 형제자매 사이에서 자신의 존재를 증명해내기 위한 해묵은 욕구의 표현 때문이라 생각된다. 실제로 얻는 것이 별로 없다 하더라도 '어쩐지 둘째 오빠에게 지는 것만은 기분이 나빠서' 싸우고 싶어하는 것이다.

〈조부모와의 관계〉

- 여태껏 봐온 '할어버지와 아버지'의 관계를 '아빠와 나' 같은 관계로, 새로운 관점에서 바라볼 때 대를 타고 이어지는 갈등을 해결할 수 있는 실마리가 잡힐 수 있다.
- 부모의 단점은 자식에게 큰 콤플렉스를 형성하게 되고 자식은 부모의 그늘만 벗어나면 올바른 삶을 사는 것이라 믿지만, 이는 그저 부모 삶의 반대편 삶이라는 사실을 명심하자.

〈형제자매와의 관계〉

- 우리나라는 장남에 대한 무조건적인 애정, 학력에 따른 편애 등의 특징이 있어 성격양상이 좀 더 다양하게 나타난다.
- 형제자매 중에서 자신만이 소홀하게 취급되었다고 느끼는 부분은 다른 형제도 비슷하게 느끼고 있을 가능성이 많다.
- 아들을 낳기 위해 딸을 많이 낳은 가정의 딸들의 경우 정체성에서 문제가 있는 경우가 많다.
- 누나가 많고 막내아들인 경우, 양육 태도에 따라 독불장군이 되기도 하지만 여성적으로 성장하기도 한다.
- 형제자매 내부 구성에 변화가 오게 되면, 바뀌어진 위치에 따라 새로운 갈등과 욕구를 드러내기 시작한다.

3장

친구와 선후배 관계에도
각자 역할이 있다

01

영원한 벗은 가능할까

_ 친구와의 관계

    초등학생에게 친구가 몇 명이냐고 물어보면 대개 "다 친한데요" 혹은 "반 애들 다 친구인데요"라고 답한다. "아, 여자애들 빼고 19명이요" 같은 대답도 많고. 중학생 때부터 시작된 변화는 고등학생 이후로 "서너 명이요" 정도의 대답으로 바뀌기 시작한다. 친구라는 개념에 혼란이 오는 것도 이 시기다.

  어린 시절에는 친구란 평생을 함께하는 영원한 사이라고 생각한다. 이렇게 즐겁고 서로 믿는 사이가 멀어진다거나 서먹해진다는 것을 믿기 힘들다. 그러나 나이가 들수록 친구라 믿던 사이도 조금씩 멀어진다는 것을 깨닫기 시작한다. 자신과 타인의 관계에 대해 의심이 드는 순간, 여태껏 사귀어온 모든 사람들에게 거리감을 느끼기도 한다.

친구관계가 만들어지는
세 가지 조건

■ 친구가 되는 데도 일정한 조건이 필요하다. 단순히 '마음이 잘 맞는다'는 이유만으로 친구관계가 오래 유지되는 것은 아니다. 마음 외에도 환경적인 요인, 물리적인 제약에 의해 얼마든지 친구관계는 재편될 수 있다. 다음의 세 가지 요소를 살펴보자. 이는 친구가 되는 데 필요한 가장 기본적인 요소들이다.

시간과 공간의 공유

친분을 유지하는 데 시간을 같이 보내야 한다는 것은 가장 기본이 되는 얘기다. 평소 관심 없던 사이라도 같은 방에서 한 달을 지내면 서로 영향을 주고받으며 교류가 시작된다. 왜 이성을 고를 때 '얼굴, 성격, 돈보다 집 가까운 게 더 낫다'는 말도 있지 않은가(내가 만든 말이지만).

중요한 것은 공유하는 시간의 '양'을 넘어, 같이 고생하고 즐거워했던 그 시간의 '밀도' 자체가 높아야 한다는 점이다. 내게 소중했던 경험의 순간을 함께한 사람에게는 동질감을 느끼는 것이 당연하다. 군대동기, 입사동기, 고3 때 친구 등에게서 이런 경우는 흔하게 볼 수 있다.

반대로 아무리 좋은 사이였어도 함께하는 시간이 없어지면 멀어지게 된다. 그렇게 사랑했는데 군대 간 후 자연스럽게 헤어지는 연인, 금슬 좋기로 소문났으나 아이 유학문제로 3년 정도 떨어져 산 뒤 이혼하는 부부, 정말 친했지만 철든 이후 만나면 서먹한 친구가 이런 경우다.

만약 누군가와 평생 좋은 사이로 남고 싶다면 어떻게 해야 할까? 두말할 것 없이 같이 고생하고 즐거움을 함께하는 밀도 높은 시간을 많이 보내는 것이 가장 쉬운 방법이다.

이런 이야기를 하면 어떤 아버지는 의기양양하게 "전 애를 매주 산에 데리고 갑니다"라고 말한다. 하지만 자녀입장에서는 그것이 그저 고생일 뿐 즐거운 일이라고 할 수 없을지도 모른다. 따라서 아이의 의사를 자주 확인해야 하며, 무엇보다 부모 스스로 이 경험이 아이에게 좋은 영향을 줄 거라는 확신을 가지고 있어야 한다. 개인적으로는 가족끼리 요리, 장식품 등을 함께 만들거나 배낭을 메고 자유롭게 여행하는 것을 추천한다. 모두 다 적당히 고생하고 즐거운 결과를 확인할 수 있는 일들이다.

말하는 방식과 관심사의 유사성

정진 어머니는 걱정이 태산이다. 정진이가 중학생이 된 이후 놀기 좋아하는 거친 아이들과 어울려 다니기 시작한 것이다. 그러더니 담배를 피우다 걸렸다며 학교에서 연락이 왔다. 놀란 엄마는 정진에게 친구들과의 관계를 끊으라고 종용했다. 그러나 정진은 짜증만 낸다.

"엄마, 걔네들이 피우자고 한 게 아니라, 내가 하자고 했어."

"네가 왜 피워? 그런 건 어디서 배웠어?"

"아니, 그게 아니라 걔네는 잘못 없다고. 내가 그런 거란 말야."

"네가 걔네들이랑 어울리지 않았으면 왜 그런 걸 했겠어? 하여간 만나지 마!"

"아이, 씨!"

정진은 호기심이 많고 성격이 단순한 편이다. 그런 성향을 가진 사람은 역시 자신과 비슷한 성향을 가진 사람과 통한다고 느낀다. 어머니는 자기 아이가 친구들에게 물들었다고 생각하겠지만, 실은 비슷한 아이들끼리 모여 자신이 가진 문제점을 증폭시키는 것이다.

다음은 아는 형이 담배를 피우는 것을 본 후, 정진과 친구들이 나눈 대화이다.

"야, 우리도 한대 피워볼래?"
"음…. 어디서 구하나?"
"너 피워봤어?"
"아니? 피우면 어때."
"집에 아빠가 피우던 거 있는데."
"라이터 가져와?"
"피우면 기분 뿅 가나? 완전 폼 나는데."
"빨리 가져와."

이 대화를 보며 어색한 점이 느껴지는가? 분명 의미는 통하지만, 어딘가 말이 자꾸 가로막힌다는 느낌이 들 것이다. 서로 대화를 하는 게 아니라 독백만 하고 있는 느낌이랄까. 사실은 다음과 같은 말들이 생략되어 있는 것이다.

"야, 우리도 한 대 피워볼래?"

"(담배를 피우자고? 난 아직 안 피워봤는데. 그거 피워도 될까? 그런데 피우더라도) 어디서 구하냐?"

"(구할 데는 있어. 그건 문제가 아니고, 나도 아직 안 피워봤는데) 너 피워봤어?"

"아니? (저 형은 초등학교 때부터 피웠다는데 우리도) 피우면 어때."

"(그렇다면 한번 해보자. 안 그래도 심심했는데 잘됐다. 담배 구하러 가야겠다) 집에 아빠가 피우던 거 있는데."

"(가만 있자. 또 필요한 거 없나?) 그럼, 라이터 가져와? (우리 집에 라이터 있거든)"

"(네가 가지고 있으면 말하지 말고 그냥 가져와. 같이 피우면 재밌을 것 같다. 처음 피워보는 건데) 피우면 기분 뿅 가나? 완전 폼 나는데."

"(나는 라이터를 가져올 테니, 너도 집에 가서 담배) 빨리 가져와."

이들이 서로 통하는 이유는 그저 '담배를 피우고 싶다'는 공통의 관심사가 있기 때문이다. 아마도 진지하고 정확하게 말하는 사람이라면 이런 식으로 생략하는 말투에 짜증을 냈을 것이다. 하지만 산만한 사람들은 복잡한 말을 하기 싫어하며, 자신의 기분을 나타내는 중요한 단어 몇 개만 말하는 경우가 많다. 말의 순서도 엉망이다. 두세 문장 앞에서 했던 얘기의 답을 나중에 하거나 상대가 해야 할 질문을 내가 하는 식이다.

만약 정진이가 대화 스타일이 다른 누군가와 이런 얘기를 하면 어떻겠는가? 아마도 뭔가가 잘 안 맞는다고 느낄 것이다. 상대는 자꾸 "뭐라고?" "너 아까 딴 거 물어봤잖아?" 하면서 자신의 말에 딴

죽을 건다고 생각할 것이다. 이쪽은 '말 참 못 알아듣네' 싶을 것이고, 저쪽은 '말도 제대로 못하나' 하는 생각이 들 것이다. 사춘기의 아이와 부모 사이의 대화도 이런 식이다.

서로 비슷한 방식으로 의사전달을 하는 사람들끼리 모여 대화를 하면 너무 편하다. 남들은 "너희는 참 알아들을 수 없는 말을 한다"라거나 "너희의 개그감각은 이해할 수 없어"라고 하지만, 당사자끼리는 너무 좋다. 나와 친한 대학친구들은 만난 지 20년이 지났는데, 가만 생각해보면 다들 파격적인 연상을 하고, 4차원 개그를 좋아하고, 수더분한 성격의 산만한 녀석들이 아닌가 싶다. 그래서 그때도 쉽게 만났던 것이고, 지금까지 관계가 이어져 어딘가 비슷한 인생을 살고 있는 것이다.

서로를 보완하는 관계

친구관계는 그저 서로의 유사성을 나누는 것만으로 지속되지 않는다. 아무리 비슷한 사람이라 하더라도 약간의 차이는 존재하는 법이다. 그 차이를 파악하고 서로 이해해주지 못한다면 관계는 오래가지 못할 것이다.

병식과 영환은 여행친구다. 여행동호회 활동을 하면서 친해졌는데, 둘 다 워낙 여행을 좋아해서 웬만한 유명 여행지는 다 가봤을 정도이다. 활동적인 성격의 병식은 오지여행에 관심이 많고 차분한 영환은 도시의 명소를 찾는 데 장기가 있어, 둘이 각각 회장, 부회장으로 동호회를 잘 이끌었다.

그러던 중 이번 가을에 시간이 나서 둘이 대만에 놀러 가기로 했다. 여럿이 다녀온 적은 있었지만, 둘만 가는 여행은 처음이었다.

그런데 첫날부터 예상외로 안 맞는 부분이 드러나기 시작했다. 여럿이 갈 땐 환상의 짝꿍인 듯했는데, 둘만 있자 의견이 하나하나 부딪히기 시작한 것이다. 병식은 자신이 이끄는 대로 여기저기 둘러보고 영환에게는 잡일을 맡기려는 경향이 있었다. 영환은 그런 병식의 태도가 눈에 거슬리기 시작했다.

"야, 미안하지만 그건 네가 했으면 좋겠다."

"네가 좀 해주면 안 돼? 지도 보고 찾아가는 것도 바쁜데, 내가 어떻게 일일이 다해?"

"길 찾는 건 나도 하거든? 우리 자기 할 일은 자기가 하자."

"아니, 갑자기 왜 그래? 항상 나눠서 했잖아?"

"여럿이 다닐 때하고 우리 둘만 왔을 때는 다르잖아."

둘은 감정이 좀 상했지만, 일단은 서로 원하는 바를 듣고 합의하기로 했다. 이후 여행을 무난히 마쳤고, 마지막 날 술을 먹으면서 섭섭했던 감정을 풀었다.

대개 자신의 문제점을 스스로 아는 경우는 드물며, 친구의 문제점도 특정 상황이 오기 전까지는 잘 보이지 않는다. 그러다 둘만의 시간이 주어져서 직접적인 영향을 주고받게 되면 그제야 깨닫기 시작한다. 이때 서로의 단점을 적당히 눈감을 수도 있어야 하고, 서로의 단점을 듣기 좋게 얘기해줄 수도 있어야 하며, 자기의 문제를 순순히 인정할 수도 있어야 한다.

위의 두 명은 평소에는 완충제 역할을 하던 사람들로 인해 대수롭지 않게 생각했던 차이점들을 갑자기 느끼게 되었다. 그래도 여행에 어느 정도 경험이 있어서 여러 사람들을 겪어본 이들이라 무조건 화를 내지는 않은 것 같다. 빨리 인정하고 합의를 보는 게 더 편하다는 것을 안다. 서로의 의견에 귀를 기울이고, 도와줄 수 있는 부분은 도와주고, 섭섭했던 감정을 다시 곱씹을 수 있는 사이라면, 다시 감정을 풀고 더 좋은 사이로 발전할 수 있다.

떠나는 친구,
남는 친구

■ 그렇다면 위의 세 가지 요소가 실제로는 어떻게 적용될 수 있을까? 시간 순으로 확인해보자.

초등학교 전까지는 아직 친구의 개념이 희박하며 초등학교 저학년 때만 해도 첫 번째 요소인 '같은 생활공간'이 제일 중요하다. 따라서 이사를 가면 예전 동네친구를 쉽게 잊어버리는 경향이 있다.

초등학교 3~4학년 이후가 되면 점차 부모에게 두는 가치가 친구에게로 옮겨가기 시작한다. 부모와는 한 달 정도 떨어져 있어도 괜찮다고 여기기 시작하고, 친구와는 매일 보지 않으면 섭섭해하는 단계가 온다. 이 단계의 친구는 아직 확고한 의미의 친구는 아니다. 순진하고 때 묻지 않은 상태라서 자신과 매일 싸우는 얄미운 존재조차도 친구라 부르기를 주저하지 않는다. 비교적 이질적인 대상과도 잘 어울리며 서로 영향을 공유한다. 이후에도 관계가 유지되는 경우 흥

금을 털어놓을 수 있는 최고의 친구가 되기도 한다.

　중학교 때는 사춘기를 거치며 친구와의 관계도 매우 극적인 양상을 띠는 가장 드라마틱한 시기이다. 성과 폭력에 눈을 뜨고, 세상은 그렇게 착하게 살면 안 된다는 사실을 알게 된다. 자신과 친한 친구들은 무척 좋은 녀석들이라고 느끼며, 이 패거리야말로 평생 함께할 존재라고 믿는다. 반대로 자신의 패거리가 아니거나 전혀 존중할 것이 없다고 여겨지는 친구에게는 인간적인 시선 자체를 거두어버리고 따돌리거나 폭력을 행사하는데, 지금 돌이켜봐도 중학교 2, 3학년 때가 서로가 서로에게 가장 잔인한 시기가 아니었나 싶다.

　특히 남자아이들은 상하관계에 몰두한다. 자신이 상위에 있다고 생각하면 스스로가 최고라고 믿게 되어 어른들도 안중에 두지 않는다. 생각은 친구들과 공유하기 때문에 오류도 없다. 하지만 자신이 약자라고 느끼는 아이들은 죄책감, 열등감, 분노 등과 싸우며 힘들게 살아야 한다.

　여자아이들은 누가 누구보다 강하다기보다는 서로 이해관계가 맞는 패거리를 이루고 정치적인 활동을 편다. 자신이 다른 사람에게 어떠한 영향을 끼치느냐가 더 중요하다. 패거리에 소속되지 못하는 것이 죽기보다 싫은지, 공부나 체육 등에 두각을 나타내지 못하는 아이는 영향력 있는 그룹에 들기 위해 노력한다.

　문제는 아이부터 노인까지 다 똑같다. 지금 시절이 계속 갈 줄 안다. 중학교 때 잘 나갔던 아이는 고등학교에 들어온 후 자신이 저학년이란 걸 받아들이는 데 수개월이 걸린다. 한편 고등학교 때는 공부해야 하는 양이 크게 증가하고 대학입시에 초점이 맞춰지는 분위기여서, 개인의 목표가 서로 달라지며 타산 없이 모여 노는 시간이 줄어들고 친구관계도 좁아진다.

영석은 중학교 때 친구들과 참 '잘' 나갔다. 애들과 어울려 다니면서 부모님과도 많이 다퉜고 선생님께 야단도 많이 맞았지만, 친구들과는 무엇이든 할 수 있었고 무서울 것이 없었다. 친구들과 평생 갈 줄만 알았는데, 중3 어느 날 아버지가 내년 겨울에 이사를 해야 한다고 말씀하셨다. 아버지 직장 때문에 그렇다지만, 보아하니 영석을 친구들과 떨어뜨리려는 의도도 있는 것 같았다.

평소처럼 부모님께 반항도 해보았지만, 정말로 이사를 한다는데 어쩌겠는가. 영석은 다른 동네로 이사 가서 새로운 고등학교에 입학했다. 그러나 영 적응이 되지 않았다. 아이들도 고리타분하고 짜증났으며, 좀 이야기가 통할 것 같은 녀석에게는 더 친한 다른 친구들이 있었다. 주말만 되면 원래 살던 동네에 놀러가서 친구들을 불러냈다.

'그래, 바로 이 친구들이지. 얘들과 있으면 이렇게 즐거운데.'

부모님에게 막무가내로 원래 동네에 가게 해달라고 졸랐다. 며칠을 단식한 끝에 결국 부모님이 항복하고, 친구들이 많이 진학한 학교로 전학을 가게 되었다. 처음 한두 달은 좋았다. 그런데 어쩐지 친구들이 예전 같지 않다는 생각이 들었다. 전처럼 놀지도 않고, 어떤 아이는 공부한다면서 잘 만나려 들지도 않았다. 뭔가 아닌 것 같은데 그렇다고 부모님 사는 곳으로 돌아갈 수도 없었다.

중학교 때 절친한 친구를 떠나 다른 지역의 고등학교로 전학을 하게 되면 친구가 잘 생기지 않는 것이 지역 탓이라고 생각하게 된다. 그러나 살던 곳으로 되돌아간다고 해도 예전 친구들은 조금씩 바뀌어 있다. 고등학생이 되면 원래 크게 성장하고 변화하면서 그전과는 다른 성격으로 변화하는데, 이를 간과하고 혼자 착각하고 당황하는 것이다.

중학교 때 대인관계가 좋지 못했던 아이들을 보자. 너무 어려서 거칠게 나오는 친구를 받아들이기 힘들어했던 아이는 고등학교 이후 친구들이 어느 정도 서로 예의 있게 대하기 때문에 사람 사귀는 것이 편해진다. 엉망이었던 대인관계가 급진전되기도 한다. 그러나 사회성 자체가 매우 부족하거나 타인에게 마음을 열 줄 모르는 아이는 더 힘들어져서 완전히 고립되기도 한다. 고등학교 내내 한두 명의 친구만 사귀고, 졸업 이후에도 외로운 삶을 살곤 한다.

평생 가는 친구들은 보통 고등학교 친구들이라고들 한다. 고3이라는 힘든 시기를 함께하는 동지들인데다, 어느 정도 인격이 완성된 후 만난 사이라 나이 들어서도 크게 변하지 않는 편이기 때문이 아닐까. 이후 경제적, 사회적 위치의 변화는 생기겠지만, 자신을 다 열어보였던 이 시기의 친구들에게는 의심 없이 얘기를 터놓곤 한다.

대학에 들어가서 맺는 인간관계는 깊어지질 않는다고 이야기하는 사람이 많다. 고등학교 때까지는 싫어도 40명 가량이 한 반에 있어야 하니, 잘 맞지 않아도 서로 친구가 될 기회가 있었을 것이다. 그러나 대학교 이후부터는 자신이 싫으면 나가지 않아도 일단 무방하다. 자신만의 시간이 절대적으로 늘어나면서 자기 안에 갇히는 사람들이 늘어나게 된다. 하지만 이 역시 개인의 선택일 뿐이다. 보고 싶고, 하고 싶은 것이 많아지면 관심의 폭에 따라 인간관계도 많아지고, 만난 사람들에게 자신을 얼마나 열어 보일 수 있느냐에 따라 관계의 깊이도 달라진다. 동아리 활동이나 학습 혹은 공동이성교제모임(헌팅을 같이 하는 친구 모임)에 몰두하면서 고등학교 친구를 능가하는 친구가 만들어지기도 한다.

20대 후반인 수민은 자기 성격이 많이 바뀐 것 같다고 말한다. 고등학교 때까지만 해도 굉장히 밝고 애들하고도 잘 지냈는데, 대학교에 들어간 후부터 이상하게 친구를 잘 사귀지 못하더니 이제 사람 만나는 데도 자신감이 사라졌다고 했다. 직장에 들어간 다음부터는 제대로 발표도 못하고, 특히 상사에게 꾸지람이라도 듣게 되면 너무 괴로워 결근을 한다는 것이다. 괴로워하는 수민에게 의사가 질문을 던진다.

"고등학교 친구는 몇 명 정도 되죠?"

"대략 스무 명 정도요."

"지금까지 만나는 친구는 몇 명이나 되나요?"

"어…. 다섯, 여섯 하고는 지금도 가끔 만나요. 근데 제가 성격이 변해선지 걔네들 만나는 것도 좀 불편해졌어요. 1년에 한두 번 정도 봐요. 걔네들은 나오라고 하는데 제가 좀."

"그 친구들을 볼 때 뭐가 제일 불편해요?"

"할 말도 없고요. 고등학교 때는 그냥 공부 얘기하면 됐는데. 애들이 제 말을 잘 들어줬거든요. 근데 지금은 어른이 되니까 나보다 더 나아진 애들도 많고. 어쩐지 자신이 없어요."

"그러니까 고등학교 때는 사람을 쉽게 사귀셨네요. 맘대로 잘 되던 상황이었어요."

"뭐, 그땐 그랬던 것 같아요."

"그런데 대학교 이후로는 자기가 먼저 다가가야 하고, 본인이 괜찮다는 것도 보여줘야 했을 텐데요."

"저는 제가 먼저 사귀려고 하는 편은 아니에요. 애들이 다가왔지."

"자신이 강하다고 느낄 때는 쉽게 사람을 사귀었겠죠. 하지만 먼저 노력해서 사람을 사귄 건 아니었나 봐요. 대학교 이후로는 스스로 다가가지 않으면 친구 사귀기도 어렵습니다. 사실은 자신의 진짜 모습이 드러나 버린 게 아닐까요? 음…. 스스로 남에게 자랑할만한 점은 뭐라고 생각하세요?"

"그게 없는 거 같아요. 어릴 때는 그런 거 생각 않고 살았는데."

"생각 않고 살았던 때가 행복한 겁니다. 자신의 장점을 발견하지 못하게 되면, 당연한 이야기지만 남 앞에서 당당하기 힘들지 않겠어요? 본인이 무엇에 뛰어난지 스스로 이해해야죠."

하루에 한 번은 위와 같은 상담을 하게 된다. 정말 흔하다.

대학에 간 뒤에는 그 시기에 맞는 대인관계가 있는데, 이를 빨리 파악하지 못하면 도태된 자신을 발견하게 된다. 직장에 취직한 후에는 친구 형성의 기회가 더 줄어든다. 다분히 경제적 이익을 목표로 이뤄진 모임인 것은 물론 상하관계도 많아서 즐거움을 위한 시간도 부족하다. 개인적 즐거움을 보상하기 위해 동호회 활동도 해보지만,

결정적으로 함께할 수 있는 시간이 1년에 몇 번 되지 않는다. 사람에 따라서는 골프 하고, 술 마시고, 같이 휴가를 다녀올 수 있는 친구가 많아졌다고 생각할지 모른다. 하지만 그런 친구들이 힘들 때도 오래 갈 것이라 생각해서는 안 된다.

결혼을 하게 되면 남성은 직장동료나 선후배와의 관계가 더 공고해진다. 여성은 육아에 전념하거나 남편의 직장을 따라 이사를 하면서 기존 친구들이 없어지는 경우가 많다. 그러면서 동네 이웃들이나 또래 학부모를 기초로 친구관계가 형성된다. 그러나 이 역시 목적을 두고 만나는 모임이어서 그런지 아주 깊은 친구들이 되지는 않는 것 같다(보통 이사를 가면 그 관계도 없어지는 것이 일반적이지 않은가?).

이렇게 나이가 들어가면서 인간관계는 점점 협소해진다. 이때 친구를 자꾸 사귀기 위한 방법은 무엇일까? 처음에 말한 3가지 조건(시공간의 공유, 공통점, 보완점)을 생각해보자.

일단 사람들과 함께하는 시간을 늘려야 한다. 모임을 자주 가질수록 서로 같은 경험을 하는 시간이 늘어나게 되어 서로를 알아가는 데 도움이 된다. 다음으로 같은 관심사를 공유하고 같은 성격과 스타일을 가진 사람을 만나야 한다. 스타일이야 노력한다고 해서 맞춰지는 것이 아니지만, 관심사는 하기 나름이다. 평생 관심사라고는 돈 계산과 저축밖에 없는 사람이 그 외의 분야에서 친구 사귀기는 힘들 것이다. 세상의 여러 가지 문제들에 관심을 갖고 궁금해하다 보면, 서서히 주변에 사람이 들기 시작한다. 나이 많은 분이 여러 활동에 적극적인 경우 자기보다 훨씬 어린 사람들과도 잘 어울리는 것을 보게 되지 않던가.

이때 자기를 얼마나 개방할 수 있는가 하는 것도 중요하다. 이것 저것 관심은 많지만 남이 다가와도 자기 생각을 보여주기 꺼리는 소극적인 사람들이 있는데, 이렇게 소통이 없는 사람에게 친구가 생길 리 없다. 마지막으로 보완점. 자기의 부족한 점을 상대에게서 구하려면 먼저 자기에게 부족한 것이 무엇인지 깨달아야 한다. 그것이 무엇이든 자신에게 인식이 되면, 자연스럽게 그 부분을 가진 사람을 찾아나서는 때가 온다. 결국 자신의 문제점을 상대에게 드러내고 소통하면서 도움을 받게 될 것이다.

친구들 사이에도
각자 역할이 있다

■ 만화나 SF물을 보면 주인공의 구성에는 특징이 있다. 팀을 이끌어가는, 정의롭고 약간 융통성 없는 보수적인 주인공이 있다. 그 대립자이면서 까칠하고 비판하기 좋아하는 진보적인 세컨드가 있다. 그 다음에는 이 두 명을 중재하는 무난하고 유들유들한 성격의 소유자인 제3자가 있다. 이런 틀을 유지하는 것이 대개 3총사 류의 등장인물 공식이다. 좋은 놈, 나쁜 놈, 멍청한 놈의 구조도 그렇고, 마징가제트에서 마징가, 아프로다이스, 대장 로보트도 같은 구조다.

그 확장판도 마찬가지다. 위 3명이 하나로 뭉쳐 하나의 리더 역할을 한다. 그들이 정正의 역할을 하고 있으면, 이후 추가되는 사람들이 다시 반反, 합合의 자리를 차지한다. 대개 네 번째는 모임에 자극을 주고, 사고를 치는 등 웃음거리의 역할을 맡는다. 다섯 번째는 그 반대로 매우 안정적이고 진지한 역할을 맡는다. 독수리 5형제로 보면 정의파 1호, 까칠한 2호, 매력적인 3호가 기본 멤버이고, 형들에게 까불다가 가끔 혼나는 익살스러운 멤버가 4호 그리고 모두를 포괄해주고 안정적으로 잡일을 도맡아 하는 5호가 추가되는 상황이다. 즉, '리더' '견제' '중재' '재미' '안정'의 요소로 정리할 수 있겠다.

TV 예능프로그램에서 리더와 2인자, 중재자, 서로 라이벌, 심지어는 왕따까지, 어떤 정해진 캐릭터를 잡으려고 하는 이유는 시청자들이 이해하기 편하기 때문이다. 즉, 원래 사람의 성격은 복잡하지만 관찰자가 대상을 단순한 성향 한 가지로 파악하려고 하기 때문에 일부러 그런 캐릭터를 보여줘야 한다는 것이다. 만약 1인자에게 자신감이 없고, 2인자가 겸손하다면 예능이 재미있을까? 라이벌인지 친구인지 애매하면 어떨까? 그런 현실적인 모습을 보면 캐릭터를 파악하기 힘들어지면서, 오히려 "그거 콘셉트죠? 실제 성격이 아닌데 괜히 그러는 거죠?" 같은 말을 하게 된다. 결국 연기자는 자신의 성격 일부가 전체인 양 보여줘야 한다.

친구끼리의 모임 역시 같은 구조를 띠는 편이다. 아니, 서로가 서로를 보완하는 이 구조가 잘 이뤄지지 않으면 그 모임은 유지가 힘들 수도 있다.

자, 한번 여러분의 친구모임을 생각해보자. 대개 4~6명 정도가 모일 것이다. 그중 모임에서 빠지면 심드렁해지는 누군가를 찾아보자. 대개 그 친구가 놀러가는 곳도 결정하고 분위기도 잡는다. 그가 빠지면 어디를 가야 할지도 잘 모르고 모임이 일찍 끝난다. 그를 '리

더'로 찍어두자. 친구에게 그런 말을 쓰는 게 좀 우습겠지만.

두 번째로, 리더와 맞먹을 정도의 영향력이 있고, 일일이 토를 달며 빈정거리는 친구를 떠올려보자. 그러나 그가 빠진다고 해서 모임이 와해되지는 않는다. 단지 조금 재미가 없어질 뿐이다. 그에게는 '견제'라는 이름을 달아주자.

세 번째는 의견이 강하지 않으면서 남의 대화를 잘 들어주거나,

술집 예약 등 자질구레한 일을 맡는 친구를 떠올리자. 그는 '중재'의 역할이다.

네 번째, 다섯 번째의 역할은 대개 앞에서 말한 세 사람이 나누어 하고 있을 가능성이 있다. 따라서 이후에 추가된 멤버들은 색깔이 좀 약하지만, 앞의 세 명과 겹치기도 하고 그들만으로 부족한 점을 보완하는 역할을 한다. 예를 들면 네 번째는 다소 거만해서 잘 어울리는 성품은 아니지만 친구들은 그의 거만을 개그 이상으로 봐주지 않으며 모임 내의 돈줄을 책임지고 있어서 도움이 된다든가, 다섯 번째는 너무 소심해서 그렇게 얘기를 잘하지는 못하지만 얼굴이 잘 생겨서 여자 꼬시러 다닐 때 유리하다든가 하는 식으로, 그 모임의 재미와 안정적 운영에 한 몫을 한다.

비록 사회성이 없더라도 자신의 강점이 타인의 필요와 적절하게 맞아떨어지면 서로 동질감을 만들 수 있다. 그래서 똑같이 사회성이 부족해도 패거리에 잘 끼어드는 사람이 있고, 혼자 외톨이로 살아가는 사람도 생기는 것이다.

여기에 각자의 성품에 따라 모임의 구성도 변화하게 된다. 예를 들어 강력한 언변으로 사람들을 이끄는 카리스마형 리더 그리고 대화와 이해심으로 팀을 이끄는 화합형 리더가 있다고 해보자. 이들의 역할에 따라 나머지 멤버들의 성향도 고정된다. 카리스마형 리더를 견제하는 역할은 조언자 혹은 뒤에서 궁시렁거리는 투덜이에 가깝게 된다. 반대로 화합형을 견제하는 역할은 때로 리더를 이겨먹을 정도로 공격적일 수 있다. 리더가 화합을 시키기 때문에 세 번째, 중재를 하는 사람의 중요성이 줄어든다. 카리스마형 리더에 둘째, 셋째의 파워가 약한 경우에는 네 번째로 합류할 사람이 중재의 성질을 가진 것이 유리할 것이다.

각각 성질이 고정되어 있진 않다. 이런 모임은 시간의 흐름에 따라 특성이 바뀐다. 대개 처음에는 한두 사람의 특성이었던 것이 점점 친구들에게 영향을 주면서 공유되곤 한다. 웃고 즐기는 것이 두드러진 모임인지, 여행을 같이 다니는 모임인지, 술을 마시는 것이 가장 중요한 모임인지가 시간이 지날수록 명확해지고, 모임의 목적이 뚜렷해질수록 친구들의 관계도 더 깊어지게 된다. 그리하여 좋은 친구들이라면 웬만한 변화에도 큰 영향 없이 자신들의 역할을 자유자재로 변화시키며 적응할 수 있다.

정호, 병헌, 희수, 대수, 창완은 고등학교 때부터 이어진 십년지기다. 사실 정호와 병헌은 초등학교 때부터 알고 지내는 친한 사이고, 나머지는 고등학교 때 알게 되었다. 이들은 웃고 떠드는 것을 좋아하는 스타일로, 그중 병헌과 정호가 모임의 핵심이다.

굳이 말하면 정호가 더 사교적이어서 술 모임은 다 그 녀석이 결정하는 분위기다. 병헌은 따로 만나보면 의외로 말이 없다. 정호와 만났을 때만 그 녀석의 가치가 제대로 발휘된다. 둘이 서로 엄청 투닥거리면, 희수와 대수가 각각 편을 들면서 노는 게 전형적인 방식이다. 둘 중 하나라도 빠지면 갑자기 모임이 착해지는 것 같다.

희수는 자학개그의 달인이다. 항상 즐겁게 떠드는 사람은 아니고, 가끔씩 촌철살인의 자학개그를 툭 던지는데, 그게 정말 재미있다. 이 녀석은 모임에서 왕따 역할을 맡고 있는 듯하다. 무슨 곤란한 일이 생기면 '희수 너 때문이야'라고 몰아세우는데, 희수는 기분 나빠하기는커녕 자기 때문에 일이 이렇게 되었다며 자학을 한다. 이 녀석이 없으면 아마도 모임 내에 은근히 싸움이 늘어나지 않을까 싶다.

대수는 성실파다. 왜 얘가 이들과 어울려 다니나 싶을 정도인데, 이 녀석만큼 리액션을 잘해주는 친구도 없다. 따분한 상황에서도 크게 웃어주는 덕분에 분위기가 좋아지는 경우가 많다. 이 녀석이 1년간 외국에 나간 적이 있었는데, 그때야 비로소 이 녀석이 있어야만 모임이 즐거워진다는 사실을 모두가 깨닫게 되었다.

창완은 조용한 녀석이다. 한참 대화를 하다 보면 그 혼자 딴생각에 빠져 있을 때가 많다. 이 녀석은 모임에서 무엇을 담당할까? 친구들은 창완에게 가끔 나오는 말이 너무 엉뚱해서 처음에는 좀 이상한 녀석이라고 생각했지만, 요즘에는 그의 말을 4차원 개그로 인정해 준다. 이 녀석도 기본적으로 성격이 좋아서 친구들이 놀려도 크게 신경 쓰지 않는다. 드물지만 대화가 진지해질 때도 있는데, 그럴 때는 제법 예리한 조언을 잘해서 믿을만한 녀석이기도 하다.

정호와 병헌은 이해하기 쉬울 것이다. 리더와 견제의 역할을 확실히 하고 있다. 정호는 비교적 잡일까지 도맡아 하는 화합형 리더에 가깝다. 희수는 팀 내의 '부정적 감정의 쓰레기통' 역할을 하고 있다. 서로 간에 약간 감정이 상하더라도 자신이 나서서 "나 때문에 그래"라고 해준다면 갈등을 없애고 단합을 꾀할 수 있으므로, 나름 중재자 역할을 한다고 봐야 한다. 대수는 성실파라 쉽게 네 번째라고 느끼지 못할 것이다. 이런 친구는 가끔씩 없어져 봐야 그 가치를 느낄 수 있다. 창완과 대수는 대립되는 역할인데, 서로가 재미와 안정이라는 두 가지 역할을 나누어 실행하고 있다.

친구모임이
와해되는 이유

■ 여러 이유가 있을 것이다. 자주 보려는 노력을 하지 않다 보니 자연스레 멀어지는 경우도 있고, 공통의 이야깃거리가 떨어져 멀어진 경우도 있을 것이며, 친하게 지낼 필요성을 느끼지 못하다 보니 서로 잘 맞춰보려는 의욕 자체가 사라져 멀어진 경우도 있을 것이다.

특히 친구모임에서는 단순한 변화만으로도 관계가 흐지부지되는 일이 생길 수 있다. 핵심이 되는 친구가 이사를 가는 등의 이유로 모임에서 빠지면 모임 전체가 갑자기 와해된다거나, 견제를 해주던 친구가 군대에 간 이후 모임이 재미없어져서 자주 안 만나게 된다든가 하는 식이다. 하지만 모임에 큰 역할을 하시 못하던 친구는 빠진다 해도 별로 변화가 없을 수 있다.

예능프로그램에서 평소 큰 역할을 하지 못하던 사람이 갑자기 빠진 후, 별다른 이유 없이 재미가 사라지는 느낌을 받은 적이 있을 것이다. 오래된 모임에서는 아무 말 없이 가만히 앉아 있는 사람도 하나의 배역을 맡고 있는 것이다. 배경의 역할조차 그것이 모임에 잘 어울렸다면, 그가 사라진 후 모임 내의 관계가 새로이 형성되는 데 많은 시간을 필요로 하게 된다.

02
평등과 복종, 베풂의 균형
— 동년배, 선배, 후배와의 관계

우리나라에서는 보통 나이가 같은 상대에게만 친구라는 호칭을 쓴다. 특히 남자들 사이에는 나이가 한 살 차이만 나도 형, 동생을 확실히 하려는 경직된 문화가 있다. 그래서 선배, 후배, 동년배의 영역이 비교적 명확한 편이고, 서로 친분을 가질 때도 상하 개념이 많이 개입된다.

결국 그저 친분으로만 이어져야 할 인간관계에 평등과 복종, 베풂의 균형이 얼마나 잘 맞느냐가 관건이 되고 말았다. 즉, 아랫사람의 경우 잘 따르는 듯 보이지만 무조건적으로 복종하는 것이 아니라 적당하게 맞먹고 대등한 관계를 유지할 수 있어야 하는데, 그 애매한 선을 얼마나 잘 지키느냐가 중요하다는 것이다.

이러한 인간관계는 어릴 적 가정 내에서 익힌 대인관계 방식이 바탕이 되는 경우가 많다. 여자를 대하는 방법은 여자형제들, 남자를 대하는 방법은 남자형제들을 대하던 방식에서 나오고, 윗사람을 대하는 방식은 부모나 형, 누나, 오빠, 언니를 대하는 방식에서 나오며, 아랫사람을 대하는 방식은 부모가 나를 대하거나 내가 동생들을 대하던 방식에서 익히는 편이다.

다음을 살펴보자. 주변에서 흔히 나눌 수 있는 대화이지만, 가만히 살펴보면 사람마다 친구 사귀는 양상이 얼마나 다른지 알 수 있다.

민수와 영민, 천래는 우연히 자신에게 어떤 친구가 많은지 이야기하게 되었다.

"민수 너는 만날 선배들하고만 놀러다니더라."

"응? 내가? 너희들하고도 놀잖아?"

"그러니까 나 같으면 그 형들하고 놀기가 좀 부담스러울 것 같은데, 너는 잘도 따라다니는 것 같아서."

"그 형들 편해. 따라다니면 술도 사주고 밥도 사줘. 근데 영민이 너는 그저께도 후배들 데리고 남이섬 놀러 가지 않았어? 후배들 데리고 다니면 돈 너무 많이 쓰게 되잖아. 게다가 애들하고는 할 말도 별로 없던데."

"걔네들? 귀엽잖아. 돈 좀 풀어주면 애들이 얼마나 말을 잘 듣는데. 이번에 남이섬 가서도 술 먹이고 얼마나 재밌었다고."

"재밌긴 개뿔."

"으이구, 내가 보기엔 둘 다 똑같은 놈이다. 민수 너는 선배들 말 들으면서 다니면 편하단 얘기고, 영민이 너는 후배들 데리고 다니면서 형 노릇하면 좋단 얘기잖아."

"그러는 천래 너는 선배나 후배랑 같이 안 다녀?"

"이상하게 나는 선후배 다 불편해. 그냥 또래가 좋아. 내가 재수 했잖아. 생각해보니까 같은 학번 중에서도 현역이나 삼수생 친구는 한 명도 없더라."

"넌 또 그런 스타일이구나. 다들 제각각이네."

동년배하고만 잘 지내는 사람

천래처럼 친구들과 잘 지내고 선후배와는 사이가 좋지 못한 사람들이 있다. 대개 외동의 성격을 가진 경우가 많고, 타인과 서로 동등하게 주고받는 관계로 지내는 것을 편하게 여기며, 베풀거나 얻어야 하는 관계는 찝찝해한다. 윗사람과는 복종하는 대신 받는 관계, 아랫사람과는 명령하되 베푸는 관계라는 식으로 경직된 사고방식을 가진 편이다.

따라서 아예 나이 차가 10살 정도 나는, 형이라고 부르기보다 선생님이나 선배님이라고 부르는 게 더 어울리는 사람과 비교적 잘 지낼 수도 있다. 대하는 방식이 단순하기 때문이다. 오히려 나이가 2~3살 정도 차이 나는 사람과는 복종하기도, 지배하기도 애매해서 지내기 힘들어한다. 이도 저도 아닌 적절한 관계를 만드는 법을 잘 모르기 때문이다.

선배가 편하게 느껴지는 사람

민수처럼 선배들과 잘 지내는 사람은 어릴 때 형이나 누나가 있어서 이러한 관계에 익숙한 경우가 많다. 자신을 약간 아래 위치에

162

놓는 것을 편하게 여긴다. 그렇다고 해서 선배에게 복종하는 스타일은 절대 아니다. 아시다시피 선배 입장에서도 너무 말 잘 듣는 후배는 불편하다. 적당히 맞먹으려 들면서도 밉지 않게 져주는 후배가 편하다.

이들은 동생들과도 마음만 먹으면 잘 지내는 편인데, 자신을 낮추는 데 익숙하기 때문에 대개 다른 사람을 너무 강하지 않게 대하는 경향이 있다. 나이 차가 얼마 나지 않는 사람들과 잘 지내는 법을 알고 있는 것이다.

후배와 잘 어울리는 사람

영민처럼 후배와 잘 지내는 사람은 성격적으로 좀 강한 편이다. 자신의 의견을 강하게 내세우는 편이라 주변 친구도 자기 말을 잘 따라주는 사람을 사귀는 경향이 있다. 어릴 때부터 집안에서 형으로서의 권위를 충분히 인정받고 살아왔다거나, 강한 부모와 동일화되어 지배적 관계를 가지는 것을 편하게 느끼는 경우다. 동갑내기나 약간 나이가 위인 사람들에게는 쉽게 인정받기 어렵기 때문에, 이들과의 관계를 불편하게 여긴다.

완전히 정반대인 경우도 있다. 어릴 때 정신발달이 약간 늦었던 사람은 자기보다 어린 친구들과 잘 지낼 수 있으며, 성격이 너무 연약한 사람 역시 농갑내기는 부담스럽고 약간 어린 쪽이 편하다고 느끼곤 한다. 이런 사람은 후배와 다투기도 잘 하는 등 어린 친구들과 동등한 관계를 유지한다.

상사, 스승 등 높은 연배와 잘 지내는 사람

나이 차이가 많이 나면 인간적인 관계보다는 상하관계 유지가 더 중요해진다. 보통은 깍듯하고 예의바르게 윗사람을 대할 때 가장 점수를 많이 받는다. 단, 위에서 설명했듯이 윗사람에게 복종하고 혜택 받는 관계를 선호하는 사람들의 경우 상사나 스승처럼 연배가 높은 사람들에게 일단 점수를 따지만, 쉽게 마음을 열지 못하기 때문에 한계가 있다.

윗사람과 마치 친구 같은 관계를 만들어내는 사람은 부모나 조부모와 잘 지냈을 가능성이 높다. 너무 오냐 오냐 하면서 키운 경우는 버릇없이 대하는 데 익숙해져 있어서 윗사람들도 좋아하지 않는다. 그보다는 양육이 정말 적절하게 이뤄져 높은 사람을 대하는 것에도 겁먹지 않는 사람이라고 표현하는 것이 더 맞을 것 같다.

자기 스스로를 높은 연배라 생각하는 사람도 있다. 고집 세고 멋대로인 아버지에게 동화된 자식의 경우, 자신의 아버지와 동일한 방식으로 사람을 대한다. 대개 나이 차가 많은 어른과도 자연스럽게 맞먹는 느낌이고, 동갑이나 한두 살 위 정도는 자신보다 아래라는 느낌으로 대한다.

언뜻 들으면 윗사람과 상극일 것 같지만 이 스타일과 잘 맞는 사람도 존재한다. 대인관계를 복종-피복종 아니면 동등의 개념으로 파악하는 사람들로, 상대가 자신에게 주눅이 들지 않으면서도 자신의 말을 잘 따라주면 동등하게 취급하는 특성이 있다. 이들은 친한 친구, 말 잘 듣는 부하, 절대 복종하는 상사 외에는 주변에 사람이 별로 없을 가능성이 높다.

까마득한 부하나 제자와 노는 사람

아랫사람을 대하는 것이 편한 사람 역시 상대를 자신의 지배하에 두는 것을 좋아하거나, 스스로를 약하다고 느껴서 아랫사람과 있으려고 할 가능성이 높다.

건전한 예외가 있다면, 나이가 들었어도 관심사가 워낙 젊어서 동년배와는 대화가 안 통한다고 느끼는 사람들일 것이다. 예를 들어 젊은이와 대화를 자주 하는 원로 음악인이라든가, 학생들과 종종 토론을 하는 교수들이 있다. 이들은 "젊은이들은 생각이 참신하고 독특해서 많은 도움이 되지요. 제가 젊음을 유지하는 방식은 이들과 어울리는 거예요" 같은 말을 하곤 하는데, 사실 그들 자신이 혁신적이고 창조적인 주제에 관심이 있기 때문에 젊은이가 가진 사고의 유연성이 흥미로운 것이다. 결국 건전한 사고와 끝없는 호기심을 가지고 있는 사람에게는 좋은 관계가 자연스럽게 생겨나는 것 같다.

〈친구와의 관계〉

• 친구가 되려면 시간과 공간을 공유해야 하고, 말하는 방식과 관심사가 유사해
  야 하며, 서로를 보완하는 관계가 성립되어야 한다.

• 초등학교 전까지는 친구가 되는 데 생활공간을 공유하는 것이 중요하며, 중학
  교 때는 패거리와 함께하면서 패거리 이외의 친구들에게 잔인해지곤 한다.

• 고등학교 때는 힘든 시기를 함께 보낸다는 동지의식이 생기고 어느 정도 인격
  이 완성된 후라서 이때 만난 친구들과 평생 가는 경우가 많다.

• 보통 친구모임은 팀을 이끌어가는 융통성 없고 보수적인 리더와 이를 비판하
  기 좋아하는 진보적인 2인자, 이 둘을 중재하는 무난한 성격의 3인자의 구조
  가 기본이 되며, 사람 수가 늘어날 경우 이 구조의 확장판이 되기 쉽다.

〈동년배, 선배, 후배와의 관계〉

• 동년배와 잘 지내는 사람은 보통 외동의 성격을 갖고 있으며, 윗사람에게는 일
  방적으로 받아야 하고 아랫사람에게는 명령하되 베풀어야 한다는 경직된 사고방
  식을 가지고 있다.

• 선배와 잘 지내는 사람은 형이나 누나가 있는 경우가 많으며 자신을 약간 낮추
  는 경향이 있기 때문에 아랫사람과도 마음만 먹으면 잘 지낼 수 있다.

• 후배와 잘 지내는 사람은 성격이 좀 강한 편으로 형으로서의 권위를 인정받으며
  자라났을 가능성이 높다.

• 상사, 스승 등 높은 연배와 잘 지내는 사람은 어린 시절 부모나 조부모와 잘 지
  냈으며 가정교육을 제대로 받았을 가능성이 높다. 아니면 스스로를 높은 연배라
  고 여길 수도 있다.

• 까마득한 부하나 제자와 노는 사람 가운데 건전한 케이스로는 나이가 든 후에도
  관심사가 넓어서 젊은이와 대화를 자주 하는 열린 노인이 있을 수 있다.

4장

나는
왜 그 사람에게
반했을까?

01

내가 만든 환상과 사랑에 빠지다

_ 이성친구와의 관계

친구와 연인, 둘 사이에는 어떤 차이가 있을까? 순수한 의미에서든 에로틱한 의미에서든 '성^性적 호기심이 일어나느냐'가 가장 기본적인 기준일 것이고, 그 외에도 여러 중요한 요소가 있겠지만 가장 중요한 것은 '상대의 일부만 공유하려 하느냐 아니면 상대의 전부를 소유하려 하느냐 하는 생각의 차이라고 생각한다. 서로의 사생활을 침해하지 않으면서 일부의 경험만 공유하는 관계 그리고 상대의 모든 것을 공유하려 드는 관계 사이에 친구도, 연인도 존재한다.

일반적인 동성 친구끼리는 서로 적당한 선을 지킨다. 숙식을 함께하고 항상 같이 다니더라도 상대가 오늘 따로 할 일이 있다고 하면 양해해준다. 서로의 개인사가 지켜진 다음에야 친구관계가 성립되며, 공통의 관심사가 있어야 관계가 유지된다. 동성 간에 한 쪽이 자기 마음대로 하려고 하거나 집착이 강해지면 다른 한 쪽이 부담을 느끼며 관계가 흐지부지되곤 한다.

물론 동성끼리도 서로 질투하고 항상 같이 있기를 원하는 관계가 만들어질 수 있다. 어릴 때는 아주 흔하게 있는 일이고, 여성의 경우 성인기에도 이런 일이 더 쉽게 허용된다. 하지만 성인기 이후에 보이는 이러한 집착은 대개 정신적인 미숙함이 상대에게 의지하고 싶은 욕망을 자극한 결과 생겨난다. 그 진행과정은 이성교제와 비슷해서, 서로 크게 싸우고 헤어지는 파국을 맞곤 한다. 가끔은 양자가 잘 보완하며 성장하여, 서로의 배우자들도 못 말리는 찰떡궁합으로 살 수도 있다.

연인관계는 더 극적이다. 사랑하는 사이에는 상대의 모든 것을 알고 싶어하고 나누고 싶어하는 경향이 있다. 육체를 접하고 함께 사사로운 시간을 보내려고 하며, 상대가 나의 모든 것을 받아주고 정신적으로 나를 메워줄 것처럼 생각한다.

상대에게 느끼는 극심한 애정은 사실 내가 상대에게 씌운 가면이다. 내가 나의 환상을 보고 있으니 완벽하고 황홀할 수밖에. 이렇듯 연인관계는 극적이지만 착각에 기초하고 있어서, 가면이 벗겨지는 순간부터는 환상의 금단증상에 시달려야 한다.

뭐, 물론 연인관계라고 해서 꼭 사랑에 불타지만은 않는다. 그저 친구와 연인의 중간 정도로 살아가면서 결혼까지 하고 해로하는 경우가 더 많을 것이다. 개인적으로는 그런 관계가 더 좋다고 생각한다. 환상의 허구성을 아는 사람은 쉽게 사랑에 빠지기가 힘든 법이다.

호감이 차츰
연애감정으로

■ 일반적으로 이성(물론 동성애도 존재하지만, 서로를 다른 존재로 느끼고 사랑에 빠진다는 점에서 이 책에서는 애정관계를 이야기할 때 '이성'으로 통일해 사용하기로 한다) 간에 한 번 보고 애정이 생기는 경우는 흔치 않다. 그런 사랑을 경험해본 사람이 얼마나 될까? 대개는 처음 만남에서 생긴 호감이, 만남이 이어질수록 서서히 커져가는 것임을 다들 잘 알고 있을 것이다.

사람마다 취향 차도 있겠지만, 사실 호감에는 공통적인 부분이 있다. 이는 외양에서 가장 쉽게 느낄 수 있다. 상대에게 확 끌리지는 않더라도, '이 사람이라면 다른 사람이 무척 좋아할 것 같다' 싶은 느낌이 있지 않은가? 이렇게만 생각해도 벌써 호감은 생긴 것이다.

외양 다음으로는 서로의 대화 스타일을 탐색한다. '내가 하는 말에 적절하고 기분 좋은 반응이 나오는가'와 '공통의 관심사가 있는가'를 무의식중에 확인하는 것이다. 그 후에는 상대의 직업, 재산, 지적 수준 등 부수적인 부분에 관심을 기울인다. 나는 그렇지 않다고? 별로라고 생각한 사람이 꺼낸 지갑에 프리미엄 카드가 꽂혀 있을 때 슬쩍 '폼 나네'라고 생각하고 있다면, 이미 상대에게 짜증이 난 상태가 아닌 이상 호감을 느낀 것이라고 봐도 무방할 것이다.

어떻게 점수를 땄건 간에 이런 호감들이 합격점을 넘어서면, 이후 만남이 지속되면서 서로 경험을 공유하게 되고 이러한 경험이 점점 상대에게 마음을 열게 한다. 나아가 상대를 소유하고, 상대에게 의지하고 싶은 욕망이 투사되어, 호감은 사랑으로 변하게 된다.

첫눈에 빠져버리는
사랑

■ 영화 〈타이타닉〉을 보면서 살짝 짜증이 났던 기억이 난다. 영원한 사랑처럼 그려진 이야기는 사실 철없는 약혼녀와 아일랜드 시정잡배의 불륜 이야기가 아니던가? 배가 사고 없이 도착했다면 여주인공 로즈는 어떻게 되었을까? 잭 도슨은 과연 로즈와 영원한 사랑을 나눌 수 있었을까?

사랑에 빠져 있을 때는 그 감정에 의심을 품는 것조차 불경하게 여겨지지만, 사실 냉정하게 보면 사랑에 빠진 두 사람이 이상하게 보일 때가 많다. 그리고 어느 순간 그 이상함은 사랑에 빠졌던 당사자들에게도 드러나게 된다.

경철과 주리는 첫눈에 반했다. 누가 먼저랄 것도 없었다. 약간 눈이 작고 아담한 스타일의 주리가 경철에게는 무척 귀엽게 보였다. 경철은 키가 크고 다소 어리숙해 보이는 인상이었는데, 주리에게는 그것이 자신을 끝까지 사랑해줄 것 같은 자상한 느낌으로 다가왔다. 둘은 떨어지면 죽는 줄 아는지 거의 매일을 붙어 다녔다.

그렇게 3년 후, 그들도 어느덧 오래된 연인이 되고 말았다. 처음으로 크게 싸우기도 했다. 약속시간이 1시간이나 지났는데도 나오지 않았던 경철이 결국 못 나갈 것 같다고 전화를 했는데, 주리는 경철이 자신을 버리려는 것만 같이 느껴져 견딜 수가 없었다. 이후 둘은 간신히 화해를 하고 일주일 만에 다시 만나게 되었다.

"경철아, 넌 나 왜 좋아한 거야?"

"새삼스럽게 뭘 물어봐, 다 알면서. 처음 봤을 때, 딱 이 여자다 싶었다고 했잖아."

"지금도 그래?"

"응, 뭐…. 너도 그래?"

"난 자기가 아직도 나를 끝까지 사랑해주고 아껴줄 거라고 믿어."

"그래, 사랑하긴 하는데…. 근데 말야. 넌 왜 처음부터 내가 그럴 거라고 생각했어? 사실 그러리라는 보장은 없는 거 아냐."

"처음부터 필이 딱 왔달까? 아, 이 사람은 영원할 것 같다는 생각이 들었지."

"사실 요즘 드는 생각인데, 네가 우리 누나랑 비슷한 것 같아."

"응? 누나? 내가 너희 누나하고 어디가 닮았어? 성격이 비슷한가?"

"아니, 우리 누나는 성질이 드세잖아. 나한테 명령만 하고. 너는 누나하고 완전 다르지. 애교도 많고. 그런 게 아니라, 우리 누나처럼 아담하게 생긴 거. 그래, 눈매도 비슷하다."

"너 시스터콤플렉스 있구나? 어째 기분 나쁜데."

"아냐, 아냐. 그냥 오늘 갑자기 든 생각이야. 누나 지방에 가 있어서 말한 지 석 달도 더 됐는걸, 뭐."

이들은 왜 서로에게 반했을까? 경철은 주리와 싸운 뒤 그 이유를 살짝 느낀다. 주리가 누나와 닮은 외모를 가지고 있다는 것을 새삼 느끼게 되었는데, 아직 생각이 정리되지 않아서 주리가 캐묻자 두서없는 말을 꺼내고 있다. 아마도 경철은 어릴 땐 누나와 사이가 좋았을 것이다. 남매간에는 경쟁심리도 존재하지만, 부모로부터의 애정이 안정적이지 못할 때 남동생이 누나에게 심리적으로 의존하는 일이 흔하다.

그러나 엄마에게 의존하는 것을 점점 불편하게 여기듯이, 남동생은 시간이 지날수록 누나와 밀착되는 것도 불편해한다. 때문에 누나에게 반발하거나 어느 정도 거리를 두려고 하고, 어느새 '나는 누나를 싫어해'라고 생각하게 된다. 그러다 갑자기 누나와 비슷한 상대를 만났을 때 마음속에 묻어놓았던 의존하고 싶은 마음이 되살아나는 것이다.

주리가 경철에게 느꼈던 감정을 정확하게 해석할 수는 없다. 그러나 분명한 것은 주리가 자신에게 영원한 사랑을 줄 수 있는 사람을 갈망하고 있다는 것이다. 왜 그럴까? 아마도 부모나 형제자매로부터 애정의 결핍, 배신 같은 감정을 깊게 느꼈을 가능성이 높다. 이혼 후 아버지가 떠나는 것과 같은 일이 있었다고 하면 이해하기 쉬울 것이다. 경철의 큰 키, 어리숙한 말투가 주리에게 어떤 정보로 읽혔을지 생각해보라. 어쩌면 아버지가 그런 분이었는지도 모른다.

이렇게 첫 눈에 반한 두 사람의 애정에는 알려진 대로 2년 정도가 지나면 한계가 온다. 뇌에서 일어나는 화학적 변화의 유통기한이 대개 2년 정도이기 때문이다. 그 다음부터는 두 사람이 이성적으로 서로를 이해하려는 노력을 해야 하는데, 처음 만났을 때 반했던 감정에 도취된 커플은 대개 그 짜릿한 감정이 없어지는 것을 견뎌내지 못한다.

경철은 어쩌면 자신이 무의식중에 꿈꾸던 대상과 상대가 불일치하는 지점을 발견하는 순간, 즉, 누나의 대치물인 주리가 알고 보니 누나와 성격이나 외양이 많이 다르다는 사실을 느끼는 순간 불안해지기 시작했을 것이다. 콩깍지가 벗겨지면 '내가 여태껏 뭘 하고 있었지' 하는 생각이 든다. 사실 무언가에 홀린다는 것은 이미 홀릴 준비가 되어 있었던 것이라고 해석할 수 있다.

주리는 아마도 경철에게 상당히 요구가 많았을 것이다. 남자친구가 약속을 딱 한 번 지키지 못했다고 크게 싸운 것으로 보아, 그전에는 남자친구가 거의 늦은 적이 없었다고 생각해볼 수 있다. 조금이라도 늦으면 짜증을 심하게 냈는지도 모른다. 나아가 상대가 자기 뜻대로 해주는 것을 사랑이라고 느끼는지도 모른다. 만약 그렇게 비뚤어진 애정관을 가지고 있다면 결국 아무에게도 사랑을 얻지 못하게 될 것이다.

사람은 애초 부모로부터 애정을 배운다. 부모와의 관계가 모든 사람과 애정을 나누는 기초경험이 되며, 그 다음 형제자매를 비롯한 피붙이도 인간관계에 영향을 줄 수 있다. 초등학교 때의 이성친구도 앞으로의 이성관에 영향을 미치게 된다. 흔히 이상형을 거론하며 '어머니 같이 저를 잘 챙겨주는 여자'라든가 '우리 아빠처럼 든든하고 성실한 남자'라는 이야기를 하는 사람을 본다. 부정할 필요가 있는가? 우리는 사랑하지만 영원히 같이 살 수는 없는 존재인 아버지, 어머니와 평생을 함께하고 싶어한다. 따라서 부모와 비슷한 성향, 외모, 조건을 가진 배우자를 신택하려는 경향이 있다.

문제는 그러한 감정에 휘둘려 상대의 특성을 잘못 읽는 데서 시작한다. 예를 들어 아버지와 외모가 닮은 남성을 사귀었다고 하자. 그런데 성실하고 온화한 아버지와 달리 이 사람은 차갑고 짜증을 잘

낸다. 처음에는 내가 열심히 하면 언젠가 이 남자가 바뀔 것이라는 생각에 사로잡힌다.

자, 이때 조심하자. 왜 내가 열심히 하면 이 남자가 바뀔 것이라고 믿느냐 말이다. 그것은 이 사람이 아버지와 똑같은 사람이라고 생각하고 싶은 나의 소망일 뿐이다. 결국 '아버지와 닮은 것은 외모 뿐, 둘은 너무나도 다르구나' 라는 생각이 드는 순간 설명되지 않는 배신감과 함께 그를 떠나게 된다.

물론 첫눈에 반한다고 해서 꼭 나중에 콩깍지가 벗겨져 파국을 맞는다는 것은 말도 안 되는 소리다(질투심에 이런 글을 쓴 것 같기도 하다). 두 사람이 평생 행복하게 잘 사는 경우도 있긴 하다. 동네 정신과의사에게는 병적으로 읽힐 수도 있는 관계지만, 만약 정신적 성숙을 이뤄낸 두 사람이 서로에게 긍정적 영향을 주는 관계를 만들었다면 오래 오래 인간으로 누릴 수 있는 가장 안정되고 끈끈한 삶을 살게 될 것이다(그래도 이런 관계는 흔하지 않다).

애정이 없으면서
연인이 되는 사람들

■ 차분하게 사귀는 사람도 있고, 첫눈에 사랑에 빠지는 사람도 있지만, 개중에는 별로 사랑하지도 않으면서 사귀고, 결혼하는 사람도 있다. 물론 애정이 별로 없는 상태에서 결혼한 것이다 보니 항상 공허하다는 느낌을 지울 수 없을 것이다.

편한 사람이 최고

이성을 사귈 때 내가 갖는 기본적 관점이기도 하다. 학생 때 이성을 만날 때 친구가 해준 조언이기도 했는데 여태껏 내 머리에 남아 있다. 아마도 많은 남녀가 가까운 친구처럼 편안하고 서로를 위해주는 사이를 꿈꿀 것이다. 사람마다 차이는 있겠지만, 아마 이런 관계가 가장 오래가고 무난하다고 생각할 것이다.

그런데 이 관계의 속은 어떨까? 대개 편한 것을 중시하는 사람들은 사랑이라는 너무 큰 감정에 휩쓸려 자신을 조절하지 못하게 되는 상황을 싫어할 가능성이 높다. 사랑의 쾌감 같은 극치의 감정은 반드시 금단증상을 겪을 가능성이 높다고 생각하며, 내가 모르는 미지의 영역으로 가는 것이 두려울 수도 있다. 그래서 강렬한 감정을 느낄 상대보다는 적당한 대화, 적당한 외모, 적당한 경제력 등을 갖추고 있으며 편하게 지낼 수 있는 사람을 찾게 된다.

문제는 이들이 방심하는 순간, 홀연히 강렬한 사랑이 올지도 모른다는 사실이다. 7년 연애 끝에 결혼해서 평생 좋은 아버지로 성실하게 살던 남자가 어느 날 갑자기 달려든 10살 아래 여자에게 푹 빠져 헤어나오질 못한다는 이야기, 한 번쯤 들어봤을 것이다. 살찔까 봐 평생 달콤한 것을 피했는데, 어느 날 우연히 생크림케이크에 맛들인 후 케이크 마니아가 되었다는 이야기와 별로 다를 것이 없다.

자, 어떻게 그렇게 살 아느냐고? 앞에서 말했듯이 내가 그런 스타일이니까. 그리고 그렇게 된 사람들과 매일 만나 상담하며 살고 있으니까. 그래서 조심하고 있다. 나중에 내가 나도 모르게 무슨 일을 벌일지도 모르지, 하면서.

무난하니까 괜찮아

위와 비슷한 이야기일 수 있겠지만, '편하다' 보다 더 메마른 표현인 '무난하다' 는 말은 이성이 볼 때 더 많은 것을 포기한 듯한 느낌이다. 편하다고 할 때는 강렬한 감정 외에 성격이나 사회적 지위 등 많은 것을 고려한 것이다. 하지만 무난하다고 할 때는 무조건 돈 많은 남자와 결혼한다는 식으로 소수의 장점에 모든 것을 건 것처럼 보인다. 마음에 들지 않지만 그렇다고 나쁠 것도 없는 상대와의 결혼인 셈이다.

그런데 결혼은 왜 하는 걸까? 바로 자신에게 뭔가가 심각하게 결핍되어 있기 때문이다. 경제적으로 어려운 환경에 대해 두려움을 가진 사람에게는 상대의 경제력이 배우자 선택에 있어 최고의 조건이다. 성격 등 다른 면이 마음에 들지 않아도 나의 가장 큰 두려움을 없애줄 수 있는 사람이라면 얼마든지 결혼할 수 있다. 지적인 콤플렉스를 가진 사람에게는 상대가 대학 교수라는 이유만으로도 결혼을 승낙할 수 있는 것이다.

이런 사람들이 결국 심한 위화감을 느끼며 힘들게 사는 경우를 많이 볼 수 있다. 그러나 자신의 콤플렉스가 클수록, 이런 메커니즘을 알면서도 어쩌질 못한다. 대단히 괴로워하면서도 계속 사귀거나 결혼생활을 유지하려 하는 것이다.

내 스타일을 인정해주니까

상대가 좋다거나 자기와 잘 맞아서가 아니라, 그저 자신을 바꿀 필요가 없어서 만나고 결혼까지 하는 경우도 있다.

동호는 엄청난 바람둥이다. 지금까지 70명 정도 사귀었나, 아무튼 심하게는 5명의 여자를 동시에 사귄 적도 있다. 이에 대해 별로 죄책감도 없다. 이 녀석은 그저 많은 여자를 소유하는 것만이 인생의 목표인 것처럼 보인다. 그런 동호가 30대 중반이 넘어 결혼하겠다고 하니, 친구들은 과연 상대가 누굴까 궁금증에 부풀었다. 그런데 이게 웬걸, 동호가 데려온 여자는 예상 밖이었다. 그동안 만나온 스타일과는 딴판인 소박하고 내성적인 아가씨였던 것이다.

"야, 너 웬일이냐? 정신 차렸구나. 조신해 보이는 분이네."

"응. 애가 좀 조용하고 말을 잘 들어. 착해서 결혼하는 거야."

"그동안 만나던 애들은 다 정리했냐?"

"사랑하는 사람 생겼다고 그만 만나자니까 다들 쉽게 가더라고. 현주가 안 떨어져서 좀 힘들었지."

"네가 언제 진짜로 사랑한 애가 있긴 했냐?"

"왜 이래? 난 항상 진심이었어. 다만 모두에게 진심일 뿐이지."

"으이구, 이 사기꾼아. 그건 그렇고 앞으로는 여자 없이 한 명만 보고 살 수 있겠냐?"

"글쎄다. 그래도 결혼하니까 당분간은 좀 참겠지?"

"야, 너 그 정도 각오면 결혼하지 마."

"괜찮아. 쟤는 나 여자 많은 거 알아. 현주 난리 칠 때도 옆에서 다 봤는데, 뭐. 아마 내가 사귄 여자 10명 정도는 이름도 알고 있을걸?"

"아, 그래? 제수씨가 안 됐다. 어쩌다 너 같은 놈을 만나서."

"고맙긴 하지. 근데 애가 좀 맹한 구석이 있어서 아마 내가 여자 만나고 다녀도 잘 모를걸? 아니 알아도 잘 참을걸? 하하."

앞의 경우가 자신의 문제를 보완해주는 상대를 찾는 것이라면, 이번에는 자신의 문제를 건드리지 않는 상대를 찾는 것이다. 이들에게 무난하다는 말은 그저 자기 식을 인정해주는 상대를 찾았다는 것을 의미한다. 히스테리성 인격이라고 부를 수 있는 바람둥이 스타일의 위 사례 속 남성은 우유부단한 여자를 계속 시험한다. 이들은 의도적으로 자신에게 여자가 많다는 사실을 노출하면서 상대에게 상처를 주는데, 이는 상대가 이 상황을 견뎌내고 자신을 용서해줄 수있는지 확인하고자 하는 것이다.

결국 이 시험을 통과하면, 여자는 자신이 남자를 변화시켰다는 성취감을 맛보게 된다. 그러나 이 남자는 자기 맘대로 사는 것을 허용해주는 상대를 찾은 것에 불과하다. 진정한 각성 없이는 얼마 지나지 않아 원래의 삶을 반복할 것이다.

사랑을 느끼지 않는 편이 좋아

가장 심한 형태일 수도 있다. 편한 스타일을 좋아한다는 것은 상대가 자신의 스타일을 바꾸려 들지 않기를 바란다는 의미인데, 만약 이러한 경향이 좀 심하다면? 아마 조금이라도 자극을 받으면 심하게 힘들어할 것이다. 따라서 이들은 아무런 애정을 느끼지 못하는 대상과 같이 다닌다. 스스로도 좀 이상하다 생각하면서도, 그다지 망설이지 않고 결혼하여 자식을 낳는다. 물론 어떤 종류의 공허감을 느끼지만, 그에 대하여 의문을 품는 일은 별로 없다.

왜 이러는 것일까? 쉽게 이해하기 위해 동성애 성향이 있는 남자를 생각해보자. 자신의 성적 취향을 부인하고 사회적 기준에 맞춰 살아가는 이 남자는 어떤 여자를 선택해야 할까? 세 가지 길이 있다. 약간 남성적인 여성. 실제로 동성애자들이 이런 여자들에게 호기심을 보이는데, 이는 나름대로 사회적응을 해보려는 시도로 읽힌다. 이 시도가 성공하느냐 마느냐는 동성애 성향이 얼마나 강한지에 달렸다. 두 번째는 매우 화려한 외모와 성격을 가진 여성. 자신의 성향을 억누르기 위해 전혀 반대의 선택을 한 것이다. 자신의 남성다움을 증명하려고 장교까지 되는 것과 비슷하다. 그러나 이는 자신의 욕망을 억제해버리는 것이라 언젠가 그 한계를 드러내버리곤 한다. 세 번째는 아무런 감정이 느껴지지 않는 여성. 자신을 무성無性적인 존재로 만들려는 시도다. 이성 간의 감정 자체를 틀어막기 위해 자신의 연애감정을 자극하지 않는 사람을 만난다면, 그게 가장 편하지 않을까? 이들은 자신의 공격성, 성적 충동을 강하게 자극할 것 같으면 아예 사랑을 느끼지 않는 것이 낫다고 생각하곤 한다.

이성 간의 애정이라는 것에는 오이디푸스 콤플렉스, 성에 대한 집착과 공포, 타인에 대한 의지, 상대에 대한 우월감 등 복잡한 문제가 얽혀 있다. 이런 문제들이 해결되지 않은 상태라면 차라리 생각 않고 사는 편이 나을 것이다.

지우와 동민은 결혼한 지 3개월이 되었다. 각각 나이가 서른 다섯, 서른이라 집안에서 결혼하라고 독촉을 하서, 중매로 만나 4개월 만에 급하게 결혼했다. 동민은 대기업에 다니고, 지우는 좋은 대학 출신에 아버지가 부자여서 서로 조건은 좋은 편이었다. 둘 다 '이렇게 결혼해도 되는 걸까?' 하는 생각도 들었지만, 어차피 서로 맞춰가면서 사는 것이 결혼이라 생각했다.

그러던 어느 날 지우는 우연히 동민의 메신저 기록에서 다른 여자와의 대화를 보게 되었다. 심한 음담패설이 잔뜩 적힌 대화를 보고 지우는 충격을 받았지만 남자들은 원래 그런 거 많이 한다는 얘기를 들은 기억이 나서 아무 말 하지 않았다. 그런데 이번에는 동민의 카드기록에서 이상한 것을 발견했다. 호텔 숙박기록이 있었는데, 원래 출장 가서 묵었다는 곳과 다른 지역에 있는 것이었다. 이건 아니다 싶어서 추궁했더니, 동민은 너무나도 쉽게 미안하다면서 실은 채팅으로 만난 여자와 하룻밤을 지냈다고 말했다.

그 말을 들은 지우는 참 이상하게도 별로 현실감이 없었다. 앞으로 같이 살아야 하나? 그렇다고 이혼을 해야 하나? 친정에는 뭐라고 말하나? 더 이상한 것은 이런 일을 너무 쉽게 말하는 동민의 태도였다. 나 같으면 거짓말이라도 할 것 같은데.

이후 동민은 일이 바쁘다며 집에도 잘 들어오지 않는다. 지우는 동민의 생각도 알 수 없고, 자신이 무슨 선택을 해야 할지도 고민이다. 왜 나에게 이런 일이 닥쳤는지도 잘 이해되지 않는다.

지우나 동민이나 아마 부모 문제가 있을 것이다. 많은 경우의 수중에서 하나만 예를 들어보자.

동민의 아버지는 무능력하고 집안을 챙긴 적이 없으며 매일 도박만 일삼았고, 동민은 힘들게 살아온 어머니와 가깝게 지냈다. 동민은 아버지처럼 살지 않겠다며 열심히 공부해서 어느 정도 사회적 지위를 얻어냈고, 그에 맞는 여자와 결혼했다. 그러나 막상 한 가정의 아버지와 남편이 된다는 사실은 너무나 부담스러웠고, 가벼운 섹스는 이러한 부담을 벗어던질 수 있는 방편이었다. 외도 사실이 들통났을 때도 그다지 놀라지 않는다. 내심 이런 식으로 헤어지는 것도 괜찮다고 느꼈으므로. 그것이 무책임한 아버지의 또 다른 모습이라는 것은 생각지 못하면서.

지우는 자수성가한 무서운 아버지 밑에서 자랐다. 공부를 열심히 해서 무난한 대학을 나왔지만, 자신의 의지나 감정표현은 억제당하며 살았다. 결혼도 부모의 의지에 따른 것이고, 어떻게 보면 자신이 훌륭한 딸인지 아닌지가 중요하지, 실제로 자신이 가정을 꾸리고 독립할 준비는 되어 있지 않다. 그래서 남편이 벌인 황당한 일을 두고도 고민한다. 남들 같으면 진작 이혼했을 문제인데도, 과연 이것이 아버지의 딸로서 적절한 판단일까를 고민하는 것이다.

서로 어울린다고
착각에 빠진 커플

■ 사람을 수많은 퍼즐 조각이라고 생각해보자. 일단 퍼즐이 너무 많으니 당최 딱 맞는 조각을 만날 수가 없다. 게다가 조물주가 3류 제작사에 하청을 주셨는지, 정확히 끼워지질 않고 어느 정도 비슷한 홈만 있으면 끼울 수 있게 되어 있어서 더 헷갈린다(비교적 잘 맞는 조각끼리 연결되면 그나마 남는 공간이 줄어들어 모양새가 좋아진다). 색깔도 그림도 조금씩 다 다른데, 멀리서 보면 다 그 색이 그 색이다.

가끔 아주 비뚤어진 조각도 있다. 인간적으로 저 퍼즐은 도저히 어디에도 안 맞겠다 싶은 조각도 있다. 하지만 그런 조각조차 자신과 같은 비뚤어진 조각을 잘 만나서 하나의 역할을 해내기도 한다. 개인적으로는 모퉁이에 들어맞는 90도 직각 면을 가진 조각을 좋아한다. 항상 모든 모임에 중추가 되고, 한번 자리 잡으면 움직일 필요가 없지 않은가.

두 사람이 결합한다는 것은 유달리 딱 맞을 것이라고 기대하며 두 개의 퍼즐 조각을 끼우는 행위라고 보면 된다. 처음부터 잘 맞을 리는 없고, 대개 좀 깎아내고 이리 저리 돌려봐야 맞는 구석이 나올 것이다.

문제는 위에서도 말한 아주 비뚤어진 조각들이다. 이들은 보통의 조각들과 모양이 맞지 않는다. 그러나 자신과 다른 방식으로 비뚤어진 특정 조각을 만나면 천생연분임을 느끼며 단번에 딱 들러붙게 된다. 그런데 삐죽한 부분들이 서로를 찌른다. 더 문제는 이런 식의 만남이란 볼트와 너트의 결합과도 같아서 한번 맞춰지면 잘 빠지지 않는다는 것이다.

강박성 인격과 히스테리성 인격의 결합

강박성 인격은 대개 매우 완고하며, 세밀한 규칙 등에 집착하고, 도덕적·윤리적으로 융통성이 부족하며, 자신이 완벽주의자임을 강조하는 성향이 있다. 그에 비해 히스테리성 인격은 감정의 변화가 극적이며, 상대에게 지나치게 친근감을 느끼고, 세밀하지 못한 언어를 사용하며, 타인의 관심을 받는 것을 중요하게 생각한다. 이 둘의 결합은 아주 흔하고 유명한데, 실제로는 서로가 서로를 매우 원하지만 궁합은 맞지 않는다.

병수는 나이가 오십이나. 자식도 없고 10년 전에 교통사고로 상처한 후 줄곧 혼자 지내다가 이번에 선을 보게 되었다. 상대는 올해 나이가 서른여섯인 향미. 이혼한 지 3년 되는 여성이다.

두 사람은 그날 첫눈에 반했다. 병수는 혼자 사는 남자라기엔 침 깔끔하고 점잖았으며, 재산도 넉넉한 편이고, 여자에게도 친절했다. 왜 이런 남자가 아직 재혼하지 않고 있었을까?

향미는 무척이나 쾌활했으며, 나긋나긋한 눈웃음이 매력적이다. 행동이나 말투에 섹시한 무언가가 있으면서도 아이처럼 순진한 면도 보인다. 무엇보다 마치 소녀처럼 초롱초롱한 눈으로 상대를 쳐다보는 것이 정말 귀여웠다.

첫 만남 이후 일은 일사천리로 진행되어 몇 개월 만에 결혼까지 하게 되었다. 그로부터 1년. 병수는 향미가 참 매력적이긴 한데, 말을 함부로 하는데다 살림도 꼼꼼하지 못해 낭비가 심한 것 같았다.

"향미야. 오늘 우리 삼촌 내외분 만나러 가는 거 알지?"

"아는데, 아 귀찮아. 나 어제 자기 때문에 되게 피곤한데. 시댁 분들 만나는 거 너무 힘들어."

"또 그런다. 귀찮단 말은 하지 말라고 그랬지? 오늘은 너 잘해야 해. 삼촌 내외가 좀 완고하셔서 지난번처럼 하면 안 돼. 알겠지?"

"자기는 날 아주 어린애 취급하더라? 내가 맘만 먹으면 잘해요. 그리고 저번에는 내가 뭘 잘못했어? 자기네 가족들이 너무 따지지. 특히 그 고모님은 심해. 처음 보는 사람한테 야단이나 치고, 참 나."

"어허, 그런 식으로 얘기하면 안 된다고 내가 얼마나 주의를 주니. 그렇게 하면 우리 집안에서 어떻게 버티겠어?"

"어머, 오빠! 무슨 말을 그렇게 해? 내가 이집에서 버텨야 하는 거야? 그리고 내가 자기 조카들하고는 얼마나 잘 지냈어? 그날 신나게 술도 먹고 얘기도 잘했잖아."

"솔직히 내가 보기엔 그날 너 심했어. 걔네들하고 나이 차이는 크게 안 나지만 네가 큰어머니야, 큰어머니. 큰어머니가 술에 취해 내 험담이나 하고, 걔네들이 너를 어떻게 보겠니?"

"조카들이 나 얼마나 좋아했는데? 걱정하지 마. 됐어, 그만해. 나 기분 상했어. 자기는 나를 완전 애로 알아. 내 나이가 30대 후반이거든?나도 알 건 다 안다고."

　말다툼이 끝나고, 병식은 '이래서 이 여자가 성격차로 이혼했다고 하는구나' 싶었고, 향미도 '이래서 이 남자가 혼자 살 수밖에 없었구나' 하고 생각하기 시작했다.

　자, 여기까지만 하자. 이런 식의 대화는 끝이 없어서 아마 1시간 내내 적으라고 해도 적을 수 있을 것 같다. 병수 같은 남자는 대개 다른 사람에게 예의바르고 올바르다는 느낌을 주기 때문에 스쳐가는 사이에선 별로 문제가 없다. 그러나 같이 생활하는 입장에서는 일일이 다 간섭하고 하나하나 자신의 원칙에 맞추려고 하니, 너무 피곤하다. 위의 대화에서도 병수는 상대가 하는 말에 동조하거나 주장을 굽히는 말을 전혀 하지 않는다. 잘 달래면서 상대를 구슬려야 하는데, 상대의 기분과 관계없이 자기 하고 싶은 말만 하는 것이다.

　향미 같은 여자는 상당히 매력적이다. 백치미도 느껴지는 것이 보호본능을 일으킨다. 그러나 조금만 대화를 해보면 정확한 내용 없이 피상적인 감정만 얘기할 뿐이어서 금방 따분해질 수 있다. 적당한 사이로 사귀는 데는 큰 문제가 없지만 같이 사는 데는 문제가 있다.

　그럼 이들은 서로에 대해 어떻게 느끼고 있을까? 강박성 인격을 가진 남자는 밝고 자신의 감정을 자극하는 히스테리성 인격의 여성에게 호감을 느낀다. 자신에게 감정적인 면이 부족하다는 사실을 알고 있으므로, 상대가 이를 채워줄 것이라 생각한다. 그리고 본인은 잘 인정하지 않겠지만, 대충대충 사는 사람을 보면 못 참는 완벽주의 성향 때문에 빈틈 많은 상대를 옆에 앉히고 하나하나 뜯어고치고 싶은 욕망도 생긴다. 이러한 관심을 사랑이라 착각하기도 한다.

히스테리성 인격을 가진 여자는 반대로 엄격하고 정확하고 자상해 보이는 남성에게 끌린다. 자신에게 정확성이 부족하므로 상대가 바로잡아주기를 바라고, 약한 자신을 포근히 안아주기 바란다. 대개 이런 커플은 아주 나이 많은 남성과 어린 여성의 조합으로 이뤄지는 경우가 많은데, 히스테리성 인격 자체가 아버지에 대한 집착을 바탕으로 하기 때문에 아버지를 떠올리는 연상의 남자를 배우자로 선택하게 되는 것이다. 이들은 남자가 이상적인 남편이라기보다는 이상적인 아버지가 되기를 바란다. 항상 자기를 사랑해주고 용서해주며, 엄격하고 정확하지만 멀리서 지켜보기만 하는 키다리 아저씨 같은 역할을 바란다고 보면 된다.

이들이 함께하게 되면 각자의 문제가 서로를 찌르기 시작한다. 강박성 인격은 상대의 문제를 어떻게 해서든 뜯어고치려고 한다. 상대에게 감화를 받아서 자신을 변화시켜야 한다는 생각은 하지 못하고, 자기 마음에 드는 사람을 만들어내는 것을 더 중요하게 여긴다. 그러나 상대는 쉽게 변하지 않는다. 히스테리성 여성도 마찬가지다. 자상해 보이는 남자였는데 알고 보니 완고한 아저씨에 불과하다는 것을 알고는 짜증이 샘솟는다. 둘은 점점 싸움이 늘어나고 결국 파국으로 향하게 된다.

그런데 헤어지는 것이 더 나을 것 같은 상황에서도 막상 헤어지지 못하는 커플이 많다. "그래도 이 사람이 얼마나 저를 사랑하는데요"라고 하면서, 집착인지 애정인지 모르는 관계를 유지하는 것이다. 과감하게 이별을 선언하는 것이 서로를 위해 좋지만, 의사 입장에서는 큰 문제가 없는 상황에서 이별을 권유하기도 힘들다.

남녀가 성격을 바꿔 갖는 일도 흔하다. 남자가 히스테리성 인격이어서 자신이 강한 남성이라는 것을 보여주고 싶어하고 많은 여자를 사귀고 싶어하며 감정표현이 얄팍한 반면, 여자는 강박적이며 집착이 강하고 완벽주의인 경우가 많다. 이때도 결론은 비슷하다. 여자는 남자가 바람피우고 제멋대로인 상황을 힘들어하면서도, 언젠간 상대를 변화시킬 수 있을 것이라 믿으며 계속 잔소리를 하게 된다. 사랑하기 때문이라고 믿지만 매일 싸움을 반복하며, 이런 상황에 지쳐갈 때쯤에야 헤어지게 된다.

다소 극적인 사례처럼 보이지만, 실제로는 서로 사이가 참 좋다고 하는 연인에게도 이러한 면이 존재한다. 그렇다면 어떤 사람은 왜 천생연분의 관계가 되고, 어떤 사람은 악연의 관계가 되는 것인가? 그 이유는 하나뿐이다. 상대에게 맞춰 자신을 변화시키려는 사람들끼리 만나면, 그러니까 인간적으로 더 성숙한 사람들끼리 만나면 더 좋은 결과를 가져오는 것이고, 자신을 바꿀 생각은 전혀 없으면서 상대에게 좋은 점을 취할 생각 혹은 상대를 자기 취향에 맞춰 바꿀 생각만 하는 경우에는 반대로 지옥을 맛보는 것이다.

경계선 인격과 의존성 인격의 결합

기분 변동이 심하고, 대인관계나 자아상이 불안정하여 타인을 이상화하거나 평가절하하는 일이 반복되며, 충동성이 높은 사람들을 '경계선 인격'이라고 한다. '의존성 인격'은 상대가 자신을 돌봐주기 바라고, 스스로 계획을 짜거나 일 벌이는 것을 무척 힘들어하며,

그러면서도 의지할 대상을 찾는 데는 적극적이고, 친밀한 존재와 헤어지는 상황이 되면 금방 다른 대상에게 가버리는 타입을 말한다.

이 두 사람은 사실 같은 스타일의 인격이다. 전자는 매우 충동적이고 분노가 심하며, 후자는 조용하고 수동적이기 때문에 언뜻 보면 전혀 다른 성격 둘이 만난 것처럼 보이지만, 둘 다 내면은 공허해서 스스로에 대해 구체적인 평가를 하지 못한다. 이 둘은 상황에 따라 서로의 스타일이 바뀐 듯이 행동할 때도 많다.

이 두 타입이 결합하면 완전체로 변신하면서 강한 힘을 발휘한다. 경계선 인격은 자신의 기분을 조절하지 못한 나머지 타인에게 버려지면 어쩌나 하는 두려움을 갖고 있다. 의존성 인격은 자신을 지켜주고 결정해주는 사람이 없을 때의 불안함이 문제다. 이 둘이 매우 친한 관계가 되면 경계선 인격은 상대의 모든 행동을 결정해주고(실은 자기 마음대로 하고), 의존성 인격은 그러한 경계선 인격을 웬만해서 떠나지 않는다(좀 귀찮게 굴기는 하겠지만). 둘 다 보통 사람들에게는 힘든 대상이지만, 서로에게만큼은 약점을 완벽하게 보완해주는 파트너이다. 이 둘의 완전체는 강력한 힘을 발휘하며 주변 사람을 힘들게 만든다.

주호는 문제가 많은 남자다. 너무 여리고 연약해서 항상 누군가의 뒤를 졸졸 따라다닌다. 주호의 아버지는 돌아가셨고, 어머니는 일하느라 바빠 주호를 잘 돌봐주지 못했다. 형제로는 나이 차가 많은 배다른 누나 둘이 있다. 어릴 때부터 누나나 어머니에게는 꼼짝도 하지 못했다. 대학을 나온 뒤에는 디자인 회사에 취직했는데, 처음의 몇몇 회사에서는 업무량도 많았고, 사람들과 대면해야 하는 일이 힘들어서 회사를 금방 그만두고 말았다. 결국 친척이 경영하는 회사에 들어가 디자인 작업만 하게 되었다.

시화를 만난 것은 이전 회사에서였다. 그녀는 회사에서 일명 '미친 개'로 유명했다. 엄청난 다혈질이라 자신과 의견이 다르다 싶으면 상대와 싸우기 일쑤였고, 윗사람과 안 맞거나 자신에게 어쩔 수 없는 상황이 되면 엉엉 울곤 했다. 그럼에도 회사에서 쫓겨나지 않은 이유는 실력도 있을뿐더러 그 성격이 거래처에서 발휘될 때면 꽤 괜찮은 성과를 올리는 일이 많아서였다.

주호와 시화는 서로 첫인상이 좋진 않았다. 시화가 보기에 주호는 숙맥에다 인상도 약했고, 주호의 눈에 시화는 너무 대가 센 여자였다. 그러다가 회식 때 만나 얘기를 해보고는 서로 의외로 원하는 것이 비슷하다는 생각을 했다. 시화는 자신의 다혈질적인 성격에 대해 누군가와 얘기를 해본 적이 없었다. 그런데 주호가 대놓고 "시화 씨는 왜 그렇게 항상 화가 나 있어요?"라고 물어본 것이다. 시화는 왜 그런지 모르지만 그날 밤새 자신의 이야기를 열심히 했다. 그 긴 이야기를 다 듣고 주호는 "시화 씨가 좋아졌어요"라고 고백해버렸다.

주호는 친척의 회사로 옮긴 후, 조르고 졸라서(친척들은 주호가 이렇게 조르는 건 처음 봤다고 했다) 시화를 이쪽 회사로 옮기게 했다. 그런데 그 다음부터 조용히던 주호가 갑자기 강하게 의견을 내세우기 시작했다. 심지어 상사와 곤혹스러운 일도 생겼다. 그 뒤에 시화가 있다는 것은 공공연한 이야기였다. 시화는 이전보다는 나아졌지만, 여전히 같이 일하는 사람을 불편하게 만들었다. 얘기도 별로 없고, 회식

경계선
인격과
의존적
인격의
만남은
고슴도치와
거머리가
결합된것같은
비극적
상황!

으~

자리는 귀찮다며 다 빠져버리고, 자기 일이 방해받으면 까칠하게 굴
어서 친구가 거의 없었다. 오직 주호만이 그녀를 상대하고 있었다.

이 정도면 상당히 부드럽게 묘사한 것이다. 둘 다 좋은 방향으로
변한 점도 있으니까. 아마 주호는 강한 어머니와 누나 밑에서 자라
나 자신의 의지발달이 잘 되지 않은 상태일 것이다. 시화는 잘 모르
겠지만, 어느 정도 부모와 비슷한 성향을 가지고 있을 것이다. 형제
자매와 격하게 싸우며 자랐고, 부모는 일관성이 없어서 교육적인 본
보기가 되지 못했을 것이다.

남들이 주호와 시화의 복잡한 성격을 감당할 리 없으므로 이들은

평소 사회에 적응을 잘하지 못했다. 그러다 둘이 만난 순간 갑자기 관계가 급진전된다. 이들은 항상 의지할 대상을 찾고 있기 때문에 서로의 신호에 민감하다. 그리하여 서로 사랑하겠다고 결심한 순간, 항상 붙어 다니려고 한다. 이후 언뜻 보면 한 쪽은 좀 잠잠해지고, 한 쪽은 의견이 강해진다.

문제는 둘이 서로 보완된 것처럼 보이지만, 실은 남에게 의지하고 싶은 서로의 욕망을 채워준 것에 불과하다는 점이다. 단점이 보완되기는커녕 오히려 두 명이 결합함으로써 도움이 될 만한 건전한 사람이 이들 사이에 끼어들 수 없게 되어버린다.

이 커플은 얼마나 건강한 요소를 가지고 있는지가 앞으로의 관계를 결정짓는 관건이 될 것이다. 위의 사례만 보면 불행히도 아직은 서로의 단점만 공유한 것처럼 보인다. 이대로 가다가는 아마도 한 성질 해주실 주호의 어머니나 누나와 시화 사이에 큰 갈등이 생길 가능성이 높다. 둘 사이도 문제다. 집착이 심한 두 사람이기 때문에, 다른 누군가가 이들 사이에 끼어드는 경우 벌어지는 갈등은 보통의 수위를 넘어서게 된다.

▪ 동성커플

동성커플에서도 이 메커니즘을 흔하게 볼 수 있다. 동성애 자체가 자신의 육체적 성과 사회적 성의 불일치를 전제하고 있어서, 동성애자는 보통 자신과 타인에 대한 관점이 불안정한 경우가 많다. 이들을 검사해보면 단순히 성적 취향만 이성애자와 다른 것이 아니라, 인간관계 자체가 불안정하고 그로 인한 갈등, 충동성, 불신 같은 요소들이 강하게 나타나며, 커플 간에도 불안정한 관계를 유지하는 것을 많이 보게 된다. 동성애가 비교적 일반화된 유럽이나 북미 같은 곳은 평범하고도 이상적인 동성커플이 많지만, 적어도 한국에서는 아직 먼 얘기 같다. 이것이 사회적 분위기 탓인지, 선행하는 생물학적 문제 탓인지는 잘 모르겠다.

이한과 주열은 동성커플이다. 7살 연하인 이한은 주열 때문에 견딜 수가 없다. 나만 사랑해준다고 했는데, 벌써 다른 남자와 사귀는 것을 본 것만 다섯 번째다.

정체성을 모르고 방황하던 이한을 잡아준 것이 주열이었다. 게이로 사는 법, 알아야 할 것, 열심히 살면서 직업적 성공을 거두는 길까지 주열은 이한에게 모든 것을 가르쳐주었다. 그러나 지금은 그것이 진실이었나 싶은 생각이 든다. 그가 가르쳐준 모든 것이 의심스럽다. 그는 다른 남자와의 섹스도 예사로 얘기하고 그에 대한 죄책감도 없다. 너무 괴로워 그를 떠나겠다고 얘기하면 그는 강한 집착을 보이며 사랑한다고 말한다. 그러나 그의 사랑에는 믿음이 없다. 이한은 벌써 다섯 번을 속았다. 어떻게 해야 할지 고민이다.

동성애자 사회에서 성적인 집착과 고민은 당연하겠지만 대단히 중요한 문제다. 성적인 집착이 크다고 해서 문란하다고 생각하면 곤란하다. 이성애자들이 벌이는 행동과 기본적으로 크게 다른 것은 없기 때문이다. 이성애자 남자들의 머릿속에 성에 대한 관심이 가득차 있듯이, 동성애자에게도 당연히 그런 관심이 많을 뿐이다. 게다가 자신의 정체성과 관련해서 성 문제를 계속 테스트하는 것처럼 보이기도 한다.

하지만 그 때문에 파트너와의 갈등이 커질 가능성이 더 높아지고, 주체성을 정립하기 힘들어져 결국 인생 전반에 영향을 받게 된다.

사람이라면 누구나 성에 대한 갈등으로 젊은 시절을 힘들게 보내지만, 성욕이 떨어지는 중년 이후가 되면 쓸데없는 일로 고민했다는 생각을 하곤 한다. 동성애자도 똑같아서 가능한 한 빨리 성 정체성에 관한 고민을 멈추고 사회에서의 역할을 찾아내는 것이 중요하다.

✕▪ 의존성과 의존성 혹은 수동공격형 인격끼리의 결합

앞서 인격이 미성숙한 두 사람이 결합해서 완전체를 이룬다는 표현을 썼는데, 두 사람의 성향이 적당히 섞여서 서로를 의지하기도 하지만 보통 서로만을 믿으며 다른 사람은 따르지 않는다는 것이 이쪽 커플들의 문제다. 심지어 상대가 무언가를 시키면 앞에서만 수긍하고 뒤에서는 절대 하지 않는 '수동공격형 인격'으로 발전하기도 한다. 두 사람이 결합을 통해 강력한 '말 안 듣는 커플'로 변신하는 것이다.

주하와 손영은 스무 살에 결혼했다. 무서운 아버지 밑에서 자란 손영은 우유부단하기 짝이 없는 남자였고, 주하는 학대가정에서 자라난 극도로 소심한 여자였다. 둘은 사귄 지 1년 만에 임신까지 하게 되었고, 결국 양가에서는 결혼을 인정해주었다. 그러나 둘 다 사회성이 전혀 없어서 대학 진학이나 취직은 생각지도 못했다. 게다가

주하가 친정과 사이가 좋지 않았으므로, 둘의 아기는 시댁에서 거의 돌보다시피 했다.

아버지는 자신이 아들을 잘못 키웠다는 생각이 들었다. 어떻게든 독립심을 키워줘야겠다고 생각하고는 아들 부부를 불러 사과도 해보고, 자신의 가게에서 일도 시켜봤다. 그러나 아들과 며느리는 항상 "네, 아버님. 알겠습니다"라고만 할 뿐 절대 일을 하거나 시키는 대로 따르지는 않았다. 주변 친척, 동네 사람들도 그들을 도와주려 했지만, 그들은 항상 조용하게 웃으며 넘어가려 할 뿐이었다.

한번은 마음먹고 심하게 야단을 쳤더니, 둘이서 부둥켜안고 울면서 방에서 나오려고 하지도 않았다. 아이도 보려고 하지 않고 한숨만 쉬는 걸 보자니, 아버지도 지쳐 항복하고 말았다.

화를 내거나 짜증을 내는 쪽은 차라리 편하다. 어찌 됐건 반응은 나오니까. 그런데 우유부단하고 자신의 의사표시를 전혀 하지 않는 쪽은 사람을 답답해서 죽게 만든다. 방긋 웃는 얼굴이 가면이라는 것은 알고 있다. 문제는 그 가면이 진짜 얼굴이라고 믿고 있는 것이다. 상냥한 얼굴로 마음의 벽을 세운 채 자신을 진정으로 도와주려는 타인의 접근을 막는다. 거기에서 오는 괴로움은 커플 둘이서 나눠 갖는다. 따라서 이러한 둘이 같이 있게 되면, 서로가 의지가 되긴 하지만 둘 자체의 병리는 더 깊어져만 간다.

자기애성 인격과 의존성 인격의 결합

오만하고 건방지며 자기가 대단히 중요하다고 느끼고 타인의 감

196

정이나 요구에 무딘 자기애성 인격과, 의지할 대상을 계속해서 찾는 우유부단한 의존성 인격이 만나는 경우가 있다. 이 역시 앞서와 같이 강과 약, 양과 음의 어울림처럼 강한 사람과 약한 사람의 조합이라는 특성을 가지고 있다.

차이가 있다면 전자의 두 케이스는 두 사람이 어느 정도 대등한 관계인 데 비해, 이 경우에는 주종관계가 된다는 것이다. 앞 장의 '강한 아버지와 약한 어머니'에서 설명했던 집중력장애 아버지와 의존성 인격 어머니의 결합과 유사하다.

이러한 만남은 보통 회사의 상사와 부하, 교수와 제자 같은 직업적 상하관계에서 출발하는 경우가 많다. 대개 친구들에게도 이상하게 보이기 때문에 지지받지 못하는 편이다. 중매결혼으로 연애과정이 생략된 상태에서 맺어지는 경우도 있다.

또한 앞의 두 케이스는 비록 문제는 있을지언정 어느 정도 서로 만족하며 지낼 수 있지만, 이 경우는 둘 다 불만이다. 자기애성 인격은 의존성 인격을 보면 경멸감이 들고, 의존성 인격은 자기애성 인격이 가혹하다고 생각한다. 자기애성 인격은 자신의 우월함이 점점 강화되고 의존성 인격은 의존성이 점점 지나쳐, 가학·피학적인 느낌이 들기도 한다.

여러 특성이 혼재된 인격끼리의 결합

한 사람 안에는 순수한 하나의 인격만 있는 것이 아니라, 여러 인격이 적절히 섞여 있다는 점을 다시 한 번 강조한다. 그중 자기애성 인격과 히스테리성 인격은 잘 구분되지 않을 때도 많고, 자기애성 인격에 괴이하고 신비로운 생각에 집착하는 분열성 인격의 특성까지 섞일 때도 있다. 자신에게 신비로움을 부여함으로써, 자아도취에 빠지고 타인의 호기심을 불러일으키기도 쉽기 때문이다.

주변에는 신비로운 권위를 동경하는 의존성 인격이나 혹은 그의 화려함에 끌리는 히스테리성 인격, 자신의 공허함을 미지의 순간으로 채우고 싶어하는 경계선 인격이 모이게 된다. 어쩌면 그 셋이 적당히 섞인 사람이 올 수도 있다. 어떤 조합이건 간에 서로의 부족함을 채우기 위해 탐색하고, 허상을 보고, 매료될 것이다.

"전 영혼을 봅니다. 당신에게도 있어요. 머리끝에서 피어나는 하얀 빛."

"어머, 시적이에요. 저에게도 그런 순결한 영혼이 있을까요?"

"있습니다. 그것은 변하지 않습니다. 믿으십시오."

"청훈 씨는 정말 말씀이 너무 멋있으세요."

"저는 언젠가 사라질지 모릅니다. 제 말은 믿어도 저를 믿지는 마십시오."

"왜요? 청훈 씨, 저를 떠나시게요?"

"이 세상의 흐름과 시간의 변화를 보노라면 제가 계속 한 곳에 머무를 수만은 없습니다. 때가 되면 당신을 떠날 수도 있겠지요."

"싫어요. 선우는 청훈 씨와 떨어질 수 없어요! 저와 함께 있어요!"

좀 과장된 느낌은 있지만, 이런 식으로 대화하고 사귀는 사람도 분명 있단 말이다. 옆에서 보면 오글거려서 먹던 밥이 넘어오겠지만.

위의 남자는 언뜻 보면 묘하고 이상한 이야기를 하고 있으니, 분열성 인격의 특징이 보인다. 그런데 말에서 은근히 상대를 유혹하려

는 의도가 읽힌다. 그리고 뜬구름 잡는 이야기를 하며 선지자처럼
행동하려 하는데, 실은 자기를 과장해서 관심을 끌고 자기만족 하려
는 것이다.

　여기에 홀리는 사람이 제대로 된 사람일 리 없다. 불충분한 자아
를 채우기 위해 허황된 이 사람에게 끌리는 것이다. 물론 독특하고
별난 상대를 자신의 장식품처럼 여기는 사람도 있다. 취향 나름이겠
지만, 자신에게 영적인 부분이 부족하다고 느끼는 사람이라면 일부
러 종교적 깊이가 있어 보이는(신실하기보다 신령해 보이는) 사람을 선

택할 수도 있다. 이런 경우 그다지 서로를 크게 갈구하는 것은 아니나, 사소한 공통점으로 어울릴 수 있다. 따라서 특정 상황에서는 서로 끌리지만 평소에는 어딘가 서로 어색할 수밖에 없다.

끝날 듯한 커플에게도
희망은 있다

선우는 좀 호들갑스럽고 어수룩한 면이 있다. 그녀는 청훈의 약간 별난 면에 홀려 결혼까지 하게 되었다. 처음에는 행복했으나, 결혼한 지 1년이 넘고부터는 갈등이 생겼다. 청훈은 항상 뜬구름 잡는 소리만 할 뿐 경제력이 부족했다. 처음에는 그런 비현실적인 말들이 이 세상을 넘어선 듯 보여서 너무 멋있었는데, 지금은 '이 사람이 별생각 없이 하는 말이구나' 싶다.

청훈은 어릴 때부터 가난한 집의 셋째로 태어나 자신감이 부족하다. 자신의 운명을 회의하던 그는 스스로 운명을 개척하겠다며 어릴 때부터 사주공부에 관심을 많이 가졌다. 선우를 만났을 때도 어쩐지 느낌이 좋아서 자신의 평소 생각을 거리낌 없이 말했을 뿐인데, 그녀는 나를 초롱초롱한 눈으로 쳐다봐주었다. 대놓고 말하지는 않았지만, 솔직히 선우에게 애정보다는 고마움을 느꼈던 것으로 기억한다.

결혼한 지 3년째 되던 어느 날, 청훈은 선우에게 평소 알던 분과 같이 철학관에서 한번 일해보겠노라고 말했다. 장기도 발휘할 수 있을 듯하고 어차피 하는 일도 없으니, 선우도 열심히 해보라고 했다. 청훈은 의외로 선우가 자신을 지지해주는 것에 용기를 얻었다.

일을 시작한 후 정말 열심히 했다. 사실 청훈은 적당한 말로 손님을 부르는 스타일은 아니다. 사주에도 그렇지 않다고 나온다. 하지만 최선을 다해 성실하게 사주를 보자 손님이 모여들었다.

선우는 청훈에게 만족했다. 자신이 할 수 있다고 생각하자 충분히 능력을 발휘하는데다, 가정에 충실하고 성실해졌다. 선우는 청훈에게 자신의 신뢰나 호감을 아낌없이 얘기한다. 청훈은 그게 약간 과장된 것처럼 느껴지기도 하지만, 솔직한 칭찬 한마디가 너무나도 기분 좋게 느껴진다.

바로 앞 대화에 등장한 커플의 바람직한 변화사례이다. 강박성 인격과 히스테리성 인격을 비롯한 모든 인격의 결합은 상황에 따라 얼마든지 결말을 달리할 수 있다. 선우는 좀 감정표현이 급한 편이라 쉽게 좋아하기도 하고 쉽게 짜증도 낸다. 의존성 인격의 특징이 강하다. 장점이라면 자신의 감정을 충실히 표현하고 기본적으로 사람에 대한 신뢰가 있다는 것. 여기에 청훈은 열등감 때문에 다소 비현실적인 주제에 집착한다.

이 상황에서 서로의 약점이 결합된 것이 아니라, 한쪽의 약점과 한쪽의 건전한 장점이 결합되었다. 청훈의 감춰진 열등감을 선우의 솔직함이 지워주었고, 그러던 차에 청훈은 선우가 원하는 경제력을 가지기 위해 노력하기 시작하여 이것이 선우의 의존성을 어느 정도 충족시켜주었다. 두 사람이 어디까지 갈지는 모르지만, 좋은 방향으로 서로에게 영향을 주기 시작했으니 앞으로도 전망은 좋아 보인다.

- 사람은 애초 부모로부터 애정을 배운다. 따라서 부모와 비슷한 성향, 외모, 조건을 가진 배우자를 선택하는 경향이 있는데, 이 감정에 휘둘려 상대의 특성을 잘못 읽게 되면 설명되지 않는 배신감을 느끼며 상대를 떠나게 된다.
- 편한 이성을 택하는 사람은 보통 큰 감정에 휩쓸려 자신을 조절하지 못하게 되는 상황을 싫어하는 편인데, 잘 살다가도 방심하는 순간 홀연히 강렬한 사랑이 찾아올 수도 있다.
- 무난한 이성을 택하는 사람은 '무조건 돈만 많으면 된다'는 식으로 상대가 가진 소수의 장점만을 본다. 이들은 무언가가 결핍되어 있어서 그 한 가지를 충족시키고자 결혼을 하려는 경우가 많다.
- 자신의 문제를 건드리지 않는 이성을 택하는 사람은 사실상 변화의 가능성이 제로에 가깝다. 주로 바람둥이가 여기에 해당하는데 이들은 진정으로 각성하지 않는 한 원래의 삶을 죽을 때까지 반복한다.
- 애정이란 감정 자체를 느끼지 않고 싶어하는 사람도 있다.
- 천생연분으로 보이지만 그것이 착각인 커플이 대다수이다. 인간적으로 성숙한 사람들이라면 서로의 다른 점을 이해로 채우며 스스로를 바꾸기 위해 애를 쓰지만, 상대에 맞춰 자신을 변화시킬 생각이 전혀 없는 이들의 경우 결국 파국을 맞을 수밖에 없다.

5장

기타 당신이
유심히 관찰해야 할
인간관계들

01

성격보다 목적이 중요해

_ 이웃과의 관계

이 책에서는 이웃을 '지역적으로 비슷한 데 살면서 아주 친하지는 않고, 약간 데면데면한 관계'로 설정한다. 즉, 서로 옆집에 살아서 가족끼리 알고 지내는 관계라든가 같은 학년의 아이를 둔 학부모 모임처럼, 우연히 발생한 만남을 지칭하는 것이다.

이들의 관계에서는 성격 간의 조화보다 공유하는 목적이 더 중요하다. 따라서 별로 마음에 들지 않아도 목적에 부합하면 서로 예의를 갖추며 대하고, 목적이 해제되면 만남이 뜸해지거나 없어진다. 인간적인 본성이 얽혀 있다는 점에서 보면 부모, 형제나 근친, 부부 혹은 이성친구, 동성친구의 다음 자리에 위치하며, 사회적 역할로 만난 회사동료나 상사, 부하의 관계보다는 앞쪽에 위치한다.

대부분은 큰 문제없이 지내는데, 가끔 가족에게나 해야 할 언행을 주변 사람에게 보이는 독특한 경우가 발생한다. 이웃을 자기자식처럼 아끼고 부모처럼 존대하는 일도 있지만, 알다시피 내 책은 항상 갈등이 일어났을 때를 다룬다. 이들은 평소 잘 지내다가 갈등이 발생하는 순간 아이들이나 할 법한 행동을 저지르곤 한다.

    자신이 아이를 잘 키우는 것인지 별로 자신 없는 진희 엄마는 초등학교 학부모 모임에서 형우 엄마를 만나게 되었다. 형우 엄마는 모임 회장이었으며 어떤 일에도 적극적이었다. 형우도 잘생긴데다 공부도 잘하고 아이들 사이에서 리더십도 좋았다.

    진희 엄마는 형우 엄마와 개인적으로 연락을 하면서 자신의 문제를 진지하게 상의했다. 자신의 힘들었던 어린 시절이 아이를 양육할 때 영향을 미치는 건 아닐까 걱정되었고, 아이에게 단호하지도 못하고 잘해주지도 못하는 것 같아 고민이었다.

    형우 엄마는 평소 성격답게 동생뻘인 진희 엄마에게 적극적으로 조언했다. 아이에게는 그렇게 하면 안 된다, 남편에게도 자신의 의견을 똑바로 말해라, 친정아버지에게 할 말은 하고 살아라 등.

    둘은 1년 동안 참 친하게 지냈다. 아이들 모임도 같이 했고, 만남도 자주 가졌다.

    그러던 어느 날 형우 엄마는 살짝 짜증이 나서 평소 생각을 얘기했다.

"진희 엄마, 저번에 내가 말한 거 한번 해봤어?"

"네? 뭐요?"

"왜, 아이하고 같이 독서록 만들어보라고 했잖아."

"아, 그거! 바빠서 아직요."

"진희 엄마. 기분 나쁘게 생각하지 말고 들어. 내가 1년간 봐왔는데, 진희 엄마는 아이 양육에 자신이 없는 게 아니라 양육을 제대로 하기 싫어하는 것 같아."

"네? 저 열심히 하려고 하는데요."

"내가 자기한테 이것저것 얘기해주는데 사실 하는 게 하나도 없잖아?"

"왜요? 지난번에 놀러가는 것도 했고, 밥 먹는 데도 같이 갔고."

"아니, 그런 게 아니지. 자기는 양육에 제일 관심이 많다며. 양육에 관련된 조언들을 생각해야지."

"저 열심히 해요."

"내가 독서록 얘기 벌써 네 번째 하는 말이거든. 진희는 내가 보기엔 독서량이 부족하다니깐."

"말이 나와서 말인데요. 진희도 나름대로 책 많이 읽어요."

"진희 엄마. 자기는 아버지 얘기할 때도…."

"왜 여기서 아버지 얘기가 나오는 거죠?"

아마 이 두 사람은 급격히 사이가 나빠질 것이다.

진희 엄마는 상대에게 자신의 고충을 열심히 토로한다. 하지만 토로만 할 뿐 실제로 어떻게 해야 변할지에 대해서는 생각하지 않을뿐더러, 남이 충고해줄 때도 순간 '아, 그럴 듯하다' 라는 느낌까지만 원하며 실제로 그에 따르지는 않는다. 의도하지 않았겠지만, 상대를 기분풀이용으로 취급하는 결과를 가져오는 것이다.

세상에는 언뜻 보면 정상이지만 자기도 모르게 주변에 불화와 불안을 유발하는 사람들이 있다. 진희 엄마는 어릴 때 겪은 결핍 때문에 주변의 관심을 게걸스럽게 갈구하며 상대의 정신력을 갉아먹는다. 결국 모호한 불편감에 시달리던 상대를 지치게 만들어 갈등을 유발한다.

다른 종류의 결핍에 예민한 어떤 사람을 만나면 그 갈등이 증폭된다. 그래서 이런 사람은 주변에 항상 불화를 유발한다. 그것이 자기가 원하는 결과는 아니기 때문에 동정이 가긴 하지만.

형우 엄마는 막연히 진희 엄마가 전혀 자신의 말을 듣지 않는다는 것을 느낀다. 1년간 열심히 상대를 도와줬다고 생각했는데, 사실 상대는 나의 조언을 하나도 듣지 않았다는 배신감을 느끼고 있다. 그 감정은 모종의 분노를 유발시켜 상대의 문제점을 더 파고들게 만든다. 그러나 상대는 그것을 받아들일 사람이 아니다.

이런 종류의 분노는 내게도 큰 숙제다. 나름대로 환자를 열심히 보려고 노력하는데, 상대가 나를 따라주지 않는다고 느낄 때의 좌절감이란. 처음 만났을 때부터 의사를 전혀 믿지 않고 사람을 간 보는 듯한 사람, 3년을 열심히 진료했지만 사소한 말 한마디에 크게 화를 내고 가는 사람을 보면 기분이 좋을 수가 없다.

정신의학에서는 너무 열심인 것도 정신과의사의 정신적 문제로 파악하기 때문에 항상 평정심을 유지하려고 노력은 한다. 그래서인지 이제는 상대가 말을 꺼내는 순간 '아, 이 사람과는 까딱 잘못하면 감정이 상할 수도 있겠구나'라고 느낄 수 있는 수준이 되었다. 물론 그것이 사람에 대한 애정이 사라졌다는 증거는 아닐지 고민한다.

자, 이제 위 이야기의 결말을 살펴보자.

형우 엄마와 진희 엄마는 그날 크게 싸웠다. 모임 사람에게 여기저기 전화를 걸어 서로를 욕하기 시작했다.

처음에는 형우 엄마를 편드는 사람들이 많았다. 하지만 평소 형우 엄마의 리더십에 다소 위화감을 가지고 있던 사람을 중심으로 진희 엄마 편을 드는 무리가 생겨났다.

몇 명이 모임에서 따로 나가겠다는 얘기까지 하자 형우 엄마는 너무 화가 났다.

"그렇게 동생처럼 잘해줬는데 나를 이렇게 대해?"

학교에서 진희 엄마를 보자마자 형우 엄마는 큰 소리를 질러대며 달려들었다. 둘은 아이들이 보는 앞에서 소리를 지르며 싸우는 바람에 당분간 학교출입이 금지되고 말았다.

진희 엄마의 은밀한 문제는 그렇다 치고, 형우 엄마의 문제는 살면서 이러한 배반감을 느껴본 적이 없다는 데 있었다. 자신이 관여하면 할수록 늪처럼 빠지는 일이 있다는 것, 세상에 자신이 감당 못할 일이 있다는 것을 그녀는 알지 못했던 것이다.

결국 그녀는 감정을 조절하지 못하고 일을 파국으로 끌고 가는 데 한 몫을 해버렸다. 위의 사건 정도면 다행이고, 어떤 사람은 폭력 사건이나 소송까지 갈 수도 있다.

흥미로운 것은 당사자가 아닌 그 주변 사람들이다. 당사자들의 옳고 그름보다는 자신의 주관적인 선입견에 따라 상대를 평가하고 행동을 개시하면서, 갈등을 점점 회오리처럼 증폭시키고 있다.

가끔은 이 모든 것을 관조하면서, 모두가 제각각 자기 목소리를 내는 것이 오히려 문제를 더 크게 만든다고 얘기해주는 사람이 있다. 불화를 유발하는 사람이 있는가 하면 불화를 소멸시키는 사람도 있는 셈이다. 다행히도 말이다.

02
직접 알지 못해도
가깝게 느껴지는 사람
_ 상상의 관계

지금까지 인간관계에서 서로 본성이 얽힌 사이들, 즉 부모-형제나 근친-부부 혹은 이성친구-동성친구-이웃-회사동료나 상사와 부하를 살펴보았다. 사이가 단순히 가깝고 먼 게 중요한 것이 아니라(부모보다 동성친구와 더 친할 수도 있을 것이다), 거론한 순서의 맨 앞으로 갈수록 대인관계의 근간과 타인을 대하는 기본자세가 드러난다는 것이 중요하다. 뒤로 갈수록 적당히 자신의 본성을 감추고 후천적으로 만든 사회적인 인격을 드러낸다고 볼 수 있다.

그런데 이 연속선에서 약간 벗어난 관계들이 가끔 있다. 바로 지신과 관계없는 사람인데도 무척 가까운 사이로 여겨지는 유명인과의 관계 그리고 한 번도 만나보지 못했지만 마치 본 것처럼 대하게 되는 익명의 존재들과의 관계가 그렇다.

유명인에게
유독 혹독한 사회

■ 유명인이라 하면 당장 떠오르는 것이 연예인이다. 이들은 본모습을 보여주기보다는 다른 모습, 즉 대중의 환상을 충족시켜주는 독특한 직업군이다. 원래 목적 자체가 그렇다 보니 사람들이 자신의 기대를 덧씌우기 쉽다. 극중에서 어머니 역을 도맡는 배우가 외도를 하면 이미지에 큰 타격이 있고, 착한 아이돌을 연기하는 가수가 담배 피우는 모습은 어색하기 짝이 없다. 연예인은 공인도 귀족도 아니지만, 사람들은 그들의 작은 도덕적 문제에도 예민하게 군다.

연예인 스스로도 자신을 일반인과 구분 짓는 것을 당연하게 여기곤 한다. 가끔은 그렇게 하여 그들이 이뤄내는 업적이 대단해 보이기도 하지만, 부당하게 그 자리에서 끌어내려질 때도 어쩔 수 없는 일이라는 느낌이 든다.

요즘 한국 사회의 모든 쓰레기 같은 감정은 연예인을 비롯한 유명인에게 다 쏟아지는 것 같다. 정치인이나 경제인 등에게도 화살이 향하지만, 연예인에게보다는 훨씬 덜하다. 실체가 보이지 않는 권력자들에게는 제대로 감정을 투사하기가 힘들기 때문이다. 연예인은 실체가 뚜렷하며 애정을 주기에도, 증오를 주기에도 너무 쉬운 대상이다. 사실 그들은 힘없는 시민일 뿐이니까. 만만하기 때문에 사람들은 과격하게 감정표현을 한다. 결국 그들은 이 사회의 왕이자 왕따의 배역을 수행하게 된다.

인터넷은 감정의 쓰레기통이 되었다. 그럼에도 우리의 열등하고 부정적인 감정이 목젖 바로 아래서 튀어나오기만을 기다리고 있다는 것 그리고 조금만 개인적인 공간이 열리면 그런 감정이 너무나 쉽게 나온다는 것을 이해하지 못하고 있다.

인간에게 개인적인 공간은 가족관계와 남녀관계 두 가지가 있다. 사회적 공간에서는 이성을 유지하려 하지만, 가족관계와 남녀관계에서는 자신의 본능과 감정을 비교적 마음대로 투사할 수 있다. 여기에 추가된 공간이 바로 인터넷이다. 남자친구에게 투덜거리듯, 엄마에게 징징거리듯 사적인 감정을 표현할 수 있게 된 것이다. 사적인 감정을 법이 다루지 않듯 인터넷 역시 법을 넘어선 자유를 요구하고 있다.

인간에게 이러한 사적 공간이 필수적이라는 사실은 슬프지만 인정해야 한다. 다만 사회구성원들의 개인적 욕망이 이성적 판단으로 오인되고 현실과 구분되지 않으면서 실제적인 힘을 가지기 시작하는 현상들이 나타나고 있다. 그것이 두렵다.

유명한 정치인들에 대해서도 생각해보자. 보통 정치인에 대한 이미지는 그렇게 좋지 않다. 나도 별로 호감을 갖고 있지 않을 정도다. 그런데 가만 생각해보면 이상하다. 정치인은 보통 그 자리에 오르기 전 충분한 사회적 업적을 거둔 사람들이고 전면에 나서기 전까지는 비교적 호감 가는 인물이었던 경우가 많다. 욕먹는 그 사람들, 사실은 다 우리가 뽑았는데 왜 이렇게 싫어하는 걸까.

물론 우리보다 더 나은 사람일 것 같아서 뽑았을 것이다. 그러나 그들이 더 나은 능력으로 우리를 이끌어주길 바라는 것은 그저 소망일 뿐, 그들은 그렇게 전지전능한 존재가 아니다. 최소한의 도덕성

운운하지만 그저 우리들의 대표일 뿐이니, 국민수준과 그렇게 다르지 않을 것이다. 지도층의 수준이라는 것이 따로 존재한다기보다는 한국사람의 평균수준을 그대로 가진, '우리들의 대표'가 있을 뿐이라는 것이다.

가끔씩 공개되는 정치인의 언행에 짜증도 나지만, 비난만 하기엔 뒷맛이 개운치 않다. 솔직히 말해 나나 내 지인들이 평소에 주고받는 말, 하는 행동과 크게 다르지 않을뿐더러, 그것이 그 사람 개인의 문제라기보다는 그 집단의 속성 탓일 때가 더 많기 때문이다.

조직의 문제를 개인이 파악하고 타개하는 것은 무척 힘든 일이다. 그것은 더 큰 집단, 즉 한국사회의 문화수준과 연결되기 때문이다. 그들은 우리의 대표인만큼 우리의 속성을 그대로 가지고 있다.

잠깐 욕하는 것으로 지나칠 것이 아니라, 그것을 스스로의 모습으로 여기는 자각 정도는 해줘야 할 것이다. 물론 문제 많은 사람은 다음에 우리의 대표로 만들지 않으면 될 일이다.

개인적으로 정신과의사를 하면서 우리 사회의 빈민층(여러분이 생각하는 것보다도 훨씬 더)부터 부유층(여러분이 생각하는 정도)까지 그 사람의 깊은 속내를 상대하게 되었는데, 누구보다 순수해야 할 것 같은 사람에게서 이기적인 본능을 확인하고 실망한 적이 많았다.

우리가 바라는 그런 이상적인 사람이 있을 거라고 기대하지 말자. 어릴 때는 선과 악을 분명하게 구분할 필요가 있지만, 나이가 들수록 모든 것이 애매하게 섞인다는 것을 잘 알지 않는가.

자비란 없는
익명의 관계

■ 전혀 모르는 사람의 파편을 가지고 생각해야 하는 경우도 있다. 바로 인터넷을 통한 인간관계가 그렇다. 최근 10년간 이런 현상이 두드러졌다.

우리는 나이나 성별 등을 모른 채 인터넷에서 어떤 사람과 짤막한 대화를 하기도 한다. 이때 최소한의 정보로 상대의 나머지를 상상해야 하는데, 그 과정에서 자신의 감정을 상대에게 덧씌우는 '전이현상'을 일으키는 것이 자연스럽다. 바로 이러한 착각이 인터넷에서의 심리문제 가운데 가장 핵심적인 것이다.

익명이란 불리한 점이 있는 사람에게는 유리하고, 상대와 적극적으로 관계를 갖고 싶어하는 사람에게는 불리하다. 평소 대인관계가 좋지 않은 사람이 메신저로 대화하는 것을 편하게 생각하며, 매우 활동적이고 공격적으로 댓글을 다는 경우를 볼 수 있다. 이들은 대개 이런 메시지로만 대화하는 것을 편하다고 한다. 사람은 서로 대면한 상태에서는 표정, 몸가짐, 타인의 신체정보를 받아들이고 자신과 비교해가며 분석해야 하기 때문이다.

따라서 자신감이 부족한 사람의 경우 타인과 자신을 비교하는 상황에 부담을 느끼며, 복잡한 생각이 힘든 사람은 타인의 표정이나 몸짓 정보를 해석하는 것이 부담스럽다. 그런데 메시지나 메신저를 이용하여 대화할 때는 자신에게 가장 편한 사람의 태도와 표정을 가상으로 상상하면 그만이다. 타자속도가 빠르고 관심을 유발시킬 주제만 있다면, 이 세계에서는 강자가 될 수 있는 것이다.

반대로 인간적인 깊이가 있거나, 논리가 강한 사람은 인터넷에서 전혀 그 능력을 발휘할 수 없다. 인터넷 세계에서는 순발력과 자극이 가장 큰 미덕이기 때문이다. 따라서 이들은 차차 인터넷에 대한 호기심이 잦아들 것이다.

한편 인터넷에서는 무난한 대화만 일어나는 것이 아니다. 우리는 당연하다고 생각하는 내 의견이 반박을 받거나 전혀 다른 의견을 가진 사람을 만나면, 그것이 자신의 이해부족 탓이라고 생각하기보다 세상 어딘가에 존재하고 있을 '막장 인간'을 상상한다. 상대를 불쌍한 젊은이라고 생각하며 싸우지만 실제론 60대 아주머니일 수도 있고, 내가 애정을 갖고 쓴 글을 보며 상대는 나를 극악무도하고 거만한 인간이라 여길 수도 있다. 그런데도 무작정 자기가 아는 사람들 목록의 누군가로 상대를 상정해버리는 것이다.

당연한 이야기지만, 유유상종이라 그런지 자기 주변사람 의견은 항상 비슷비슷한 편이다. 다르다면 애초 주변에 있지도 않았다. 인터넷은 상반된 의견이 직접적으로 마주할 수 있는 기회를 제공한다. 그러니 '황당하다' '뭐, 이런 생각을 하나. 어려서 그런가?' '나이 먹어 때가 타서 그런가?' 같은 반응이 나오는 것이다. 이때 단순한 사람은 상대를 태생 자체가 변화 불가능한 놈들(꼴통' '빨갱이' '먹통' 등의 용어로 지칭됨)로 상상하기 시작한다.

타인을 이해하려 하기보다 적으로 설정하고 죽어라 싸우는 것이 머리를 쓰지 않아 편하다. 자기 내부의 모든 악한 속성을 다른 인간에게 부여하면 죄책감도 사라진다. 자신에게 가장 미운 사람을 용서하는 것이 가장 어려운 일이듯, 인간이 타인을 충분히 이해하는 것

은 세상이 좀 더 진보해야만 가능한 일인 듯싶다.

　앞서 말한 '불화를 야기하는 인간' 타입이 정말 문제다. 자신과 의견이 다르면 적으로 생각하는 버릇이 있다 보니 화해할 일도 다퉈서 해결한다. 정작 자신은 진실을 위해 싸우고 새로운 변화를 가져오기 위해 그랬다고 하겠지만 말이다. 예수도 이 세상에 불화를 가져오려 했다고 하셨고 나 또한 기존 질서의 파괴를 긍정적으로 보는 면이 있으니, 뭐 그렇게 까다롭게 생각하지는 않는다. 다만 항상 자신의 기준에 얼마나 융통성이 있는지 체크하며 살기를 권고할 뿐이다.

　북한을 적으로 놓든, 기득권 세력을 적으로 놓든, 진보집단을 적으로 놓든, 상대에 대한 이해가 부족한 이들은 정신적으로 미성숙하다. 성숙이란 나와 다른 사람에 대한 이해이자 그들의 경험에 대한 동감의 다른 표현이다. 앞으로는 반대되는 두 가지 입장이 형성되는 과정을 서로에게 이해시키는 데 몰두해야 할 것이다.

부모에 대한 감정이 투사되는
신과의 관계

　　　　■ 신은 무형의 존재임에도 불구하고 사람보다 강한 실체로 사람을 지배한다. 신의 존재를 명확하게 느낀 사람을 제외한 대부분의 신자들은 그것이 자신이 만들어낸 이상화된 누군가라는 사실을 부인하지 못할 것이다. 태곳적부터 신이라는 개념에는 아버지, 어머니 같은 칭호가 붙는데, 말할 필요도 없이 이는 전지전능한 부모의 영구적이고도 순수한 형태를 상징한다. 문제는 그러다 보니

부모에 대한 감정이 신에게 고스란히 전가되는 경우가 많다.

이러한 현상이 두드러지는 종교는 기독교다. 말할 것도 없이 하나님 '아버지'를 섬기고 있고, 그 아버지에 대해 '아들'은 목숨을 바쳐야 한다. 아버지에 대한 절대적인 복종을 기본으로 하고 있는 셈인데, 그동안의 한국사회에서는 이러한 강력한 아버지와의 동일시가 잘 통했다. 전후의 약한 영혼들을 한 방향으로 이끄는 데 큰 역할을 해온 것이다.

그러나 아버지에 대한 감정이 좋지 못한 사람들의 경우에는 기독교 신자가 되는 게 힘들 수 있다. "하나님 아버지"라고 말하는 순간 왠지 불편해지기 때문이다. 가정에서 아버지가 자녀들의 자아를 형성시키는 데 도움을 주지 못하면 주입식 공부만 아는 단순한 아이들이 만들어지듯이, 기독교가 신도들에게 살아 있는 가치관을 제공하지 못하면 도그마에 빠진 획일화된 사람만 생산하게 되며, 그에 대한 반감을 가진 사람 역시 대량 양산하게 된다.

만약 기독교가 주변의 조언을 종교적 탄압 혹은 이겨내야 할 시련으로만 본다면 결국 주변과 불화만 낳을 것이다. 스스로를 편협하게 두는 방식은 타인을 적 아니면 동지로 구분하게 된다. 결국 타인이 자신을 탄압하는 순간에야 믿음을 얻을 수 있다면, 그러한 믿음에 대해서는 다시 생각해봐야 할 것이다. 이러한 과정을 통한 믿음의 확인이 몇 번을 거치다가, 100년 뒤쯤 이 땅에 종교차별과 학살의 바람이 불지나 않을까 걱정될 때가 있다.

천주교는 기독교의 원본이라고 할 수 있고, 교리상 기독교와 큰 차이가 없음에도 불구하고 훨씬 부드럽고 유연한 느낌을 준다. 그 이유로 성모 마리아의 존재가 여성적 요소를 보완하기 때문이라는 이야기는 잘 알려진 편이다. 용서해주시는 존재가 아버지라 하면 용서받고도 어째 긴장되지만, 어머니가 옆에서 "에이, 용서해주시구려"라고 하며 서 있으면 훨씬 편한 심리랄까.

이슬람은 자세히는 모르지만, 천주교나 기독교에 비하면 '아들'의 존재가 없어서인지 신의 인간적 요소가 모호한 편이다. 절대적인 형상재현 금지의 계율을 통해 신에게 부모나 인간의 이미지를 씌우는 것을 거부하기 때문에, 전지전능한 초월적 존재라는 느낌이 더 강하다.

불교에서의 부처는 양성적인 존재다. 여신이 사라진 세상의 거대 종교 가운데 유일하게 여성적 요소를 인정하는 종교라 볼 수 있다. 이슬람교나 유대교가 인간의 자의적인 환상을 거부한다면, 힌두교나 불교 쪽은 오히려 반대다. 너무 이미지가 다양해서 오히려 자신의 마음을 투사하기 힘들고, 어쩔 수 없이 자신에게 집중하게 되는 것이 아닐까. 정반대의 요소를 동시에 내포한 신의 이미지도 많아서, 이래도 좋고 저래도 좋다는 느낌이다. 뭐, 그런 점이 인도 쪽 종교의 매력이겠지만.

〈이웃과의 관계〉

• 이웃과의 관계는 보통 성격 간의 조화보다 공유하는 목적을 더 중시하는 관계이다. 따라서 상대가 그다지 마음에 들지 않더라도 서로 목적에 부합하면 예의를 갖추며 대하고, 목적이 해제된 후에는 만남이 뜸해지거나 아예 없어지기도 한다.

• 이들은 대부분 큰 문제없이 지내지만, 가족에게나 하는 언행을 이웃에게 하는 독특한 경우가 생겼을 때는 문제가 발생하곤 한다.

• 사람들은 자신의 주관적인 선입견에 따라 상대를 평가하고 행동을 개시하므로, 이웃 간에 자칫 작은 갈등이 회오리처럼 증폭되는 일이 생겨날 수 있다.

〈상상의 관계〉

• 유명인의 경우 우리보다 나을 것 같다는 생각을 하지만, 평범한 사람들과 그들은 하등 다를 바가 없다. 따라서 이들에게 쏟아붓는 온갖 쓰레기 같은 감정은 일면 부당한 경우가 많다. 모든 점에서 완벽한 이상적인 사람이 있을 거라고 기대하지 말자.

• 인터넷에서 익명의 사람들과 대화를 할 때는 최소한의 정보로 상대의 나머지를 상상해야 하는데, 그 과정에서 자신의 감정을 상대에게 덧씌우는 '전이현상'을 일으키는 것이 자연스럽다. 이러한 착각이 인터넷에서의 심리문제 가운데 가장 핵심적인 것이다.

• 인터넷에서는 순발력과 자극이 가장 큰 미덕이므로, 인간적인 깊이가 있거나 논리가 강한 사람은 오히려 그 능력을 전혀 발휘할 수가 없다.

3부

타인과 잘 지내는
관계의 특별한 기술

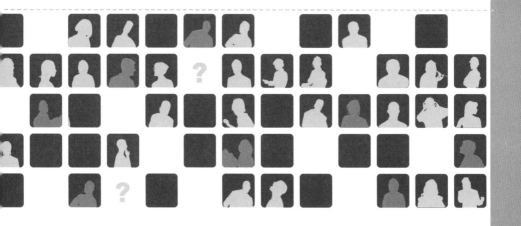

01
인간관계의 처음과 끝,
대화

인간관계의 문제를 풀어가는 방법은 싫든 좋든 대화뿐이다. 그런데 이 대화라는 녀석이 정답도 별로 없고, 학교에서도 잘 가르쳐주지 않는다는 게 문제다. 지금부터는 내가 가진 몇 가지 대화 노하우를 소개하려 한다. 이것만 알아도 사람들과 더 적절하게 교류할 수 있게 되었다고 느껴질 것이다.

궁금증을 나누거나,
뻔한 말을 반복하거나

■ 대화에는 두 가지 형태가 있다. 하나는 자신에게 있었던 일이나 궁금한 것을 서로 나누는 과정이고, 다른 하나는 수도 없이 나눴던 뻔한 대화의 반복이다. 첫 번째는 이해할

수 있을 것이다. 두 번째는 조금 이상하게 느껴질 수 있으나 그것은 마치 재즈의 즉흥연주처럼 서로 리듬과 화음을 맞추는 과정이라고 볼 수 있다.

"야, 그동안 뭐하고 지냈냐? 저번에 그리스로 휴가 간다고 엄청 자랑하더니."

"하하, 다녀왔지. 아, 아름다운 지중해의 바다여. 너 꼭 가봐야 한다, 거기."

"어떤데? TV CF냐?"

"응. 거기 미코노스도 참 좋은데, 그보다 거기까지 가는 바다가 진짜 좋아. 물이 얼마나 파란데. 괜히 딥블루씨가 아니라고."

"좋았겠네. 와이프랑 애들도 신났겠네?"

"와이프야 뭐 완전 좋아가지고, 나한테 고맙다고. 처음엔 돈 많이 든다고 투덜거리더니 나중엔 언젠가 다시 올 거라며. 애들은 뭐, 너무 어려서 그런지 물 좋다, 덥다, 비행기 너무 힘들다 그러더라고."

"자식, 부럽다. 나중에 기회 되면 우리 가족이랑 같이 가자."

"그래. 내가 완전 가이드 해주마."

"야, 선물은?"

"무슨 선물. 유치하게 쌍팔년도냐?"

위의 대화가 다소 이상하게 보인다면, 친한 사이이기 때문에 응축된 단어를 사용하기 때문일 것이다. 아마도 서먹한 사이라면 "야, 거기까지 다녀와서 내 선물은 없냐" 정도로 풀어서 얘기하겠지만, 자주 대화를 나누는 친한 사이에는 "선물"이라는 단어 하나만 말해도 족하다. 어차피 "없어, 임마" "그럼 술 사" 정도로 이어질 대화인 것이다. 이런 대화는 이들이 만날 때마다 은연중에 반복될 것이다.

> "야, 그동안 뭐하고 지냈냐? 지난번에 승진했다고 엄청 자랑하더니."
>
> "흑흑흑. 그놈의 승진. 힘들어 죽겠다. 아, 옛날이여. 그때가 좋았어."
>
> "어떤데? 과장 다니까 많이 힘드냐?"
>
> "아니, 과장 다니까 좋은 건 많은데 갑자기 일이 너무 많아. 괜히 간부가 아니더라고."
>
> "그래도 좋지 뭐. 와이프도 좋아할 거 아냐."
>
> "와이프야 뭐 완전 좋지. 월급 오르고 나니까 갑자기 반찬이 막 좋아지고. 그보다 와이프가 애들 보고 '아빠 이제 과장이다' 해주는데, 애들이 어려서 뭔진 모르는 눈치지만 뿌듯하더라고."
>
> "자식, 좋겠다. 나중에 짬나면 우리 가족이랑 야유회나 가자."
>
> "그래, 내가 한 번 알아보마."
>
> "야, 오늘 술은 네가 사야지?"
>
> "어허, 간부는 돈이 많이 나가. 네가 사."

두 대화가 서로 똑같은 패턴으로 진행된다는 사실을 눈치 챘는가? 친구들과의 익숙한 대화는 사실 거의 정해진 순서를 따른다. 재즈나 록음악 연주자들이 정해진 흔한 멜로디를 연결하며 연주하듯이, 평소 대화에 어울리는 멘트의 순서를 만들어놓고 연결하는 식이다. 이것이 서로 잘 풀리면 기분이 좋아진다. 가끔씩 오랜만에 만난 친구와는 어색함 때문이든, 전에 좀 다툰 것 때문에 생긴 약간의 불편함 때문이든 대화가 합이 안 맞을 수 있는데, 그런 경우 서로 통할 수 있는 맥락을 끊임없이 탐색하게 된다.

부드럽게 이어지는
대화의 비법

■ 그렇다면 대화를 할 때 어색함이 생기는 이유는 무엇일까? 대화를 잘 진행시키지 못하는 사람은 어떤 문제를 가지고 있는 것일까? 대화에 서투르다면서 아무 말 않고 가만히 내 얼굴만 보고 있는 사람이 있다. "어떻게 지냈어요?" 하고 물어보면 "잘요"로 끝내는 경우가 대부분이다. 이들은 과연 말주변이 없는 것일까?

자신을 방어하려고 하지 말자

집에서 가족과는 이야기를 잘하고, 친구와도 자신 있는 분야의 이야기를 하면 말을 잘하는 이들이 있다. 그러나 평소에는 상대와 사이가 나쁜 것도 아니고 이쪽이 호의를 가지고 있는데도 좀처럼 입을 열지 않는다. 본인은 대화가 서툴다고 말하지만, 실은 열등감을 자극시키는 상대 앞에서 자신을 방어하려는 것처럼 보인다. 상대의 호의를 의심해서일 수도, 상대의 우월함을 인정하고 싶지 않을 수도, 상대가 자신의 삶에 관여되는 것이 귀찮을 수도 있지만, 어쨌든 공통적으로 자신의 나약함이 노출될까 봐 방어하려는 자세가 보인다.

대화가 잘 안 된다는 것은 이러한 방어적 태도에 기인하는 경우가 많다. 무조건 그러지 말라고 해서 될 일이 아니다. 다행히 자신의 태도가 그렇게 보인다는 사실만 깨달아도 좋아지는 경우가 많다.

관심을 가져라

대화는 서로 공유되는 경험이나 관심사가 있어야 가능하다. 내 관심사를 상대도 가지고 있다면 좋겠지만 그러리라는 보장은 없고, 따라서 내게 관심사가 많고 아는 것이 많을수록 사람들과 만났을 때 이야기하기가 편할 가능성도 높아진다. 평소 공부밖에 모르던 사람은 학생 땐 얘깃거리가 풍부했겠지만, 졸업하는 순간부터는 대화주제가 별로 없어 쩔쩔매는 경우가 드물지 않다.

관심 있는 주제가 주식, 심리, 집값, 교육 등 일반적인 것이면 더 좋다. 아무래도 슈게이징록이나 다다이즘 같은 주제는 관심 끌기가 어렵다. 또한 너무 깊이 아는 것이 꼭 좋지만은 않은 것 같다. 그보다는 대충 넓게 알되, 자신의 부족한 부분을 상대에게서 들으려는 태도가 좋다. 적어도 대화에 있어 깊이는 열심히 하다 보면 생기는 부록 같은 것임을 잊지 말자.

겪은 일을 시간순으로 나열하라

이 항목부터는 실제로 대화에 서툰 사람에게 알려주는 실전기술이다. 대화가 애매할 때는 그냥 시간순으로 자신에게 있었던 일을 설명하기만 해도 어느 정도 점수를 딸 수 있다.

> "너 뭐하고 지냈냐?"
>
> "응, 3개월 전에 농구하다 허리를 삐었어. 지난달에는 민규랑 대판 싸웠고. 음…. 그러고 보니 아직 화해를 못했네. 그저께는 이태원에 가서 맛있는 거 먹었지."
>
> "뭐? 민규랑은 왜 싸웠어?"

뭐하고 지냈느냐는 물음에 참 개연성 없이 답변을 늘어놓고 있다. 자신에게 어떤 일이 있었는지 흥미롭게 설명할 재주는 없는 사람인 듯하다. 하지만 자신에게 있었던 일을 시간순으로 얘기해주니, 상대가 알아서 얘기할만한 주제를 선택한다. 꼭 내가 얘기를 이끌어나갈 필요는 없다. 따분하고 바보 같아 보이더라도 자신의 행적을 알기 쉽게 나열해주는 것만으로 상대는 덜 답답해한다.

조금 더 부연하라

같은 이야기를 해도 재밌게 들려주는 사람이 있다. 그러려면 '적어도 짧지는 않아야 한다' 는 것이 기본조건이다. 물론 촌철살인의 개그를 하는 사람도 있겠지만, 그들은 대화에 적극적으로 동참하는 스타일이라기보다는 여럿이 얘기할 때 관망하다가 끼어드는 쪽이라 참조가 되질 않는다.

일대일에서는 일단 말수를 늘이는 게 중요하다. 이야기를 길게 늘이는 쉬운 방법은 한 구절을 말한 뒤 그 얘기에 대한 자신의 경험이나 감정을 짤막하게 부연하는 것이다. 예를 들면,

> "어제 길을 걸어가는데, 왜 그 공사장 근처 있잖아. 거기서 초등학생 둘이서 싸우고 있더라고. 한 녀석이 일방적으로 때리고 있어서 내가 말렸지. 씩씩거리더라고."

이런 정도의 이야기를 조금 길게 만들어보면,

"어제 길을 걸어가는데, 왜 그 공사장 근처 있잖아. 빌딩 짓는 곳. 예전에 거기 내가 제일 좋아하던 중국집 있던 곳인데. 젠장! 하여간 거길 지나가는데 초등학생 둘이서 싸우고 있더라고. 한 놈이 덩치가 큰데, 그 녀석이 일방적으로 때리고 있는 거야. 이런 식으로. 그런데 어릴 때 생각이 나더라고. 5학년 때 반에 덩치 큰 녀석하고 싸움이 났는데 내가 맞았거든. 그 자식 고3 때 다시 봤는데 나랑 키가 똑같더라. 그래서 괜히 찜찜하기도 하고 옛날 생각도 나고 해서 딱 말려줬지. 씩씩거리는데, 작은 녀석은 고마웠겠지. 큰 녀석은 나한테 짜증났을 테고."

말 한 구절이 끝날 때마다 자신의 기억, 아이들에 대한 평가, 자신이 아이들을 말린 이유, 과거의 경험, 아이들의 마음에 대한 생각 등을 이어붙인다. 이런 이야기에서 너무 부연설명이 길어져도 얘기가 재미없으므로, 한 구절 정도만 간단하게 코멘트를 해주는 것이 효과가 좋다. 이렇게 다양한 주제를 다뤄주면 상대가 다음 대화를 이어가기도 무척 편해진다.

WH구문으로 질문하라

질문은 상대가 많이 얘기하도록 만드는 가장 좋은 방법이다. 낯선 상대와 이야기할 때 굳이 내 얘기를 할 필요는 없다. 상대가 좋아하는 주제에 대해 질문만 해도 꽤 쓸만한 대화가 이루어진다. 이럴 때 질문은 반드시 'what'이나 'how'의 WH구문 형식을 가지도록 한다. 그래야 상대가 말을 많이 하게 된다.

"음식 뭐 좋아하세요?"

"저는 아무래도 파스타죠. 워낙 국수를 좋아하는데요. …… (중략) 그중에서도 펜네가 제일 좋아요."

"국수 좋아한다고 하셨는데, 파스타 말고는 어떤 국수 좋아하시는데요?"

"아, 아무래도 중국 쪽이겠죠? 요즘은 탄탄면이 맘에 드네요. …… (중략) 쌀국수도 요즘 많이 먹고요."

"저도 좋아해요. 전 우리나라 국수도 안 빠지는 것 같아요. 오히려 냉면이 우동이나 자장면만큼 유명하지 않는 게 속상해요. 어떠세요?"

질문하되 자신의 의견을 반드시 말하라

오로지 질문만 하는 사람들이 있다. 최근 젊은이들 가운데 이런 친구들이 많다. 대화는 주고받아야 하는 것인데, 마치 사람을 인터넷 다루듯 한다. 상대가 내 질문에 열심히 대답하면 적어도 몇 마디 정도는 내 의견을 얘기해줘야 한다. 그렇지 않으면 상대는 무시당하는 것 같은 느낌을 받는다. 위의 대화를 다시 적어보겠다.

"음식 뭐 좋아하세요?"

"저는 아무래도 파스타죠. 워낙 국수를 좋아하는데요. …… (중략) 그중에서도 펜네가 제일 좋아요."

"파스타 말고는 어떤 국수 좋아하시는데요?"

"아, 아무래도 중국 쪽이겠죠? 요즘은 탄탄면이 맘에 드네요. …… (중략) 쌀국수도 요즘 많이 먹고요."

"냉면은 어때요?"

분명 핵심내용은 크게 달라진 게 없는데, 읽다 보면 은근히 짜증이 난다. 성의가 없어 보일뿐더러 추궁하는 느낌마저 든다. 내 생각은 이러하다는 코멘트를 넣어주거나, 상대에게 동의해주는 것이 필요하다. 이 정도로도 상대는 이야기가 즐겁다고 느낀다.

상대의 반응을 고려하라

상대가 대답하기 힘든 주제를 계속 묻는 사람이 있다. 예를 들면 추상적인 주제나 어려운 내용 혹은 애매한 답을 요구하는 경우가 여기에 해당한다. "사랑이 뭐라고 생각해?" 혹은 "우리나라의 민주주의는 어떤 방식으로 이뤄져야 한다고 봐?" 같은 질문은 그냥 주고받기엔 너무 어려운 주제를 담고 있다. 자기가 던지는 질문의 난이도를 전혀 모르는 경우도 있다.

> "선생님이 주시는 약이 수면제인가요?"
> "아니요."
> "그럼 뭔가요?"
> "항우울제인데요. 선택적 세로토닌 흡수 저해제라고 할 수 있지요."
> "그게 뭔데요?"
> "음……. 뇌에는 뉴런이라는 일종의 신경다발이 있어요. 그 말초에는 세로토닌, 노르에피네프린 등 신경전달물질이 존재하는데 말이죠. (몇 분간 설명) 정신과 약이라고 하면 떠올리는 게 수면제인데 그건 그냥 많은 약들 중 하나에 불과해요."
> "잘 모르겠어요."
> "……."

"아이는 어떻게 다뤄야 하나요?" "성격장애는 어떻게 치료하나요?" 같이 언뜻 들으면 별 것 아닌데, 실은 몇 시간을 설명해도 끝나지 않을 질문이 있다. 대충 넘어가려 해도 계속 물어보고, 결국 열심히 설명해줘도 상대는 이해를 못하거나 계속 강의해줄 것을 요구하기도 한다.

사람을 애매하게 만드는 질문도 상대를 곤란하게 만든다. "자기나 진심으로 사랑해?" "자기 정말로 반성하고 있어?" 같은 질문은 여자가 남자에게 자주 하는 말인데, 사실은 상대에게 은근히 거짓말을 유도해서 죄책감을 남기는 나쁜 질문의 대표적인 예시다.

아무리 사랑하고 반성하더라도 '진심' '정말' 같은 단어를 들으면 순간 고민하게 된다. 잠시라도 생각하는 듯한 기색이 보이면 여자친구는 비난을 퍼부을 테니 재빨리 "당연하지!"라고 하겠지만, 남자는 빈말을 했다는 죄책감에 시달릴 것이다. '진실' '진심' '순수' '맹세' 같은 단어의 무게를 알지 못하면서 남용하는 질문은 오히려 서로의 사이를 멀어지게 하는 원인이 될 수 있다.

02
기분 좋게 이기는 말싸움의 기술

우리가 싸우는 대상은 의외로 범위가 좁다. 평소 쌈닭이라고 불리는 사람조차도 매일 싸우고 다니는 건 아니다. 대개 싸우는 대상이라 하면 직장에서 만나는 경쟁상대(비즈니스맨이든 조폭이든 마찬가지다)를 생각하는데, 실은 부모, 남편, 아내, 자식 등 가족이 그 대상인 경우가 많다. 싸우는 대상의 연령차도 서로 10년 이상을 잘 넘기지 않는 편이다. 가족이라도 손자와 조부모가 싸우는 일은 흔치 않은 것이다(물론 요즘 인터넷에서는 60살 차이끼리 싸우기도 한다!).

나이가 들면 주먹으로 이겨봐야 좋을 것이 없다. 대부분의 주먹싸움은 10대에 일어나며, 그나마도 비슷한 나이대끼리 붙는다. 20대 이후 뇌가 안정되고 사회적인 제재가 불편하다는 것을 알고 나면 큰 싸움까지 일으키지는 않는다. 나이 들어 길거리에서 상대를 때려눕혀 봐야 눈총만 받거나 고소당하기 일쑤고, 쉬운 상대라 할지라도 영화의 한 장면처럼 깔끔하게 한 방에 이길 수는 없으니 길거리에서 뒹굴며 지저분한 모습을 보이는 것도 부담스럽다.

그래서 좋게 말로 해보려고 한다. 흥분하지 않고 차분하게 논리적으로 상대가 잘못됐다는 것을 증명해내려고 한다. 자신이 더 수준 높다는 것을 주변에 보이는 것이 낫다고 생각하게 되는 것이다.

물론 여기에 해당되지 않는 경우가 있다. 바로 주변에서 보는 눈이 없을 때. 아무도 없는 뒷골목에서는 나도 모르게 흥분해버린다. 가족 내의 다툼도 마찬가지다. 밖에서는 선하기 짝이 없는 사람이 왜 그토록 집에서는 잔인해질까? '구경꾼이 없어서'인 것이다.

시궁창싸움에서 이긴 것을 의기양양 좋아하는 유치한 수준의 사람과 싸우는 경우를 보자. 시장통에서 1,000원 가지고 멱살잡이를 한다든가, 칠순이 되어서도 경로당 김 씨를 박살냈다고 신이 난 분들 생각하시면 되겠다. 대체로 정신적인 발달이 미숙한 분들이지만, 간혹 인생 살기가 힘들어서 자신이 지는 것 같은 상황을 견디기 힘들어하는 분들도 있다. 이런 분은 남이 뭐라고 하건 '부끄럽다'는 느낌을 꼭 누르고 '어떻게든 난 지지 않는다'라는 아집으로 뭉쳐 있는 편이다.

이들은 상대를 모두 자기 수준으로 끌어내리려고 한다. 약 올리는 정도를 넘어 상대가 도저히 견디기 힘들 정도의 조롱을 하고 약점을 찌르기 때문에, 결국 거기에 휘말리면 시궁창 싸움이 되어버린다. 싸움에 휘말리는 순간 상대는 이미 진 것이나 다름없다.

이 두 가지 문제가 흔히 나타나는 것이 가족끼리의 다툼에서다. 가정 내에서 일어나는 싸움에는 보통 타인들의 직접적인 평가가 이뤄지지 않는다. 또한 서로의 콤플렉스를 너무나 잘 아는 이들과의 싸움이기 때문에 서로 지는 것을 못 참는다.

더 골치 아픈 것은 싸움의 목적이나 결과가 애매해서, 일반적인 승리와 패배의 도식이 성립되지 않는다는 점이다. 이겼어도 기분은 계속 찝찝하며, 끝까지 이기겠다고 난리를 치면 파국으로 치달아 서로에게 상처를 남기는 것이다. 이런 상황에서 진정한 승리를 누리려면 인격적으로 성숙해야 한다.

막무가내인 상대와 만났다면

오랜만에 떡볶이가 땡긴다. 돌아다니는 것도 귀찮아 그냥 평소 보이던 가게에 가서 먹기로 했다. 들어가 보니 아무도 없는 것이 을씨년스러운데, 딱딱한 얼굴의 주인아저씨 한 사람이 앉아 있다. 가격을 물어보니 "1인분에 2,000원" 하고 반말을 툭 던지고는 퉁명스럽게 떡볶이를 갖다 주신다(전작에 나왔던 그분인가 보다). 불어터진 떡에 매운 맛이 턱없이 부족하다. 초등학교 근처라 원래 싱겁게 하는 건지. 오랜만에 먹는 건데 너무 짜증 난다. 더 문제는 이 아저씨가 누군가와 전화로 말다툼을 하기 시작했는데, 손님이 있건 없건 소리를 버럭버럭 지르고 있다는 것.

"아저씨. 좀 너무하지 않습니까? 조금만 조용히 해주세요."

내가 괜히 불을 댕겼지. 곧바로 "뭐야? 이 XX야?"라는 걸쭉한 욕이 돌아온다. 너무 어이가 없었다.

"뭐라고요? XX? 지금 그게 손님한테 할 말입니까?"

"손님 좋아하네. (전화기에 대고) 야, 잠깐만 기다려. 이쪽부터 정리하고. (나를 향해) 야! 내 가게에서 내가 전화를 하건 말건 네가 무슨 상관이야?"

"알겠습니다. 죄송합니다. 조용히 나가겠습니다."

불쾌한 마음에 돈을 탁자 위에 꺼내놓고 그냥 나와버렸다. 그런데 나가는 나를 보고 이 아저씨가 결정적인 한 마디를 날리는 것이다.

"이 시간에 점심으로 떡볶이나 먹고 다니는 놈이."

안 그래도 요즘 취직이 안 되어 쉬고 있는데, 순간 확 자극을 받는다. 그래도 꾹 참는다.

'제기랄, 오늘 내가 똥을 아주 제대로 밟는구나.'

내가 움찔하는 걸 봤는지 그 아저씨, 한 마디 더 한다.

"젊은 것이 어른들 얘기하는데 끼어들고 말이야. 자기 부모한테도…."

부모를 들먹이는 순간 도저히 참지 못하고 나도 소리를 지르기 시작했다.

길거리에서 만난 황당한 놈, 즉 '미친 개'로 불리는 사람들이 시비를 걸어올 때는 별 도리가 없다. 이들을 만나면 무조건 피해야 한다는 사실을 누구나 잘 안다. 하지만 상대는 나를 자기 수준으로 끌어내리려 한다. 위 이야기의 다음 수순은 뻔하다. 나를 매우 흥분하게 만든 다음 자기는 점점 톤을 낮춘다. 자기가 뭘 잘못했느냐는 분위기로 나를 찬찬히 보면서 놀리기 시작하고 나는 점점 흥분한다.

턱을 날려버리든가 물건 하나라도 부수지 않으면 못 참겠다. 실제로 그렇게 하면? 당연히 보상해줘야 한다.

보통은 그냥 꾹 참고 피하는 것이 좋다. 그리고 뒤에서 인터넷에 그 가게 절대 가지 말라고 악평을 올리는 것이 최고이긴 하다. 그런데 왠지 졌다 싶은 패배감이 들지 않는가? 이렇게 가는 것은 좀 아쉽다고 생각되지 않는가? 그렇다면 적당히 상대하는 방법을 익혀보자.

감정적 동요가 생긴 순간 게임 끝

위 같은 경우는 평생 한두 번 정도 겪을까 말까 한 희귀한 일이다. 이런 사람을 만날 때 심리적으로 위축되는 이유는 바로 경험이 없기 때문이다. 난데없는 공격이 당황스러울 수밖에.

나도 정신과의사가 된 후 별별 사람을 다 만나본 터라 웬만한 사람한테는 잘 놀라지 않는데도, 가끔씩 너무 갑작스럽게 들어오는 공격에는 걸려들곤 한다. 예를 들면 처음 내원한 환자가 30분 동안 나긋나긋하게 웃으며 상냥한 얼굴로 내 말을 잘 듣고 있다가, 40분이 지나자 여전히 웃는 얼굴로 "그러니까 선생님 말씀은 제가 이상한 사람이란 얘기군요. 기분이 더러워지네요" 하면서 갑자기 일어나 나가버리는 경우가 있다(정말로 있다. 뒤따라 나가보면 대개 면담비 못 내겠다고 간호사와 싸우고 있다).

상대가 공격신호를 조금이라도 보이면 마음의 준비를 해야 한다. 어떤 황당한 상황이 전개되더라도 흥분하거나 놀라지 않으려고 노력해야 한다. 이는 어떠한 종류의 싸움에서도 마찬가지여야 한다. 마음이 불안정하면 흥분해서 게임을 이성적으로 이끌기도 힘들고,

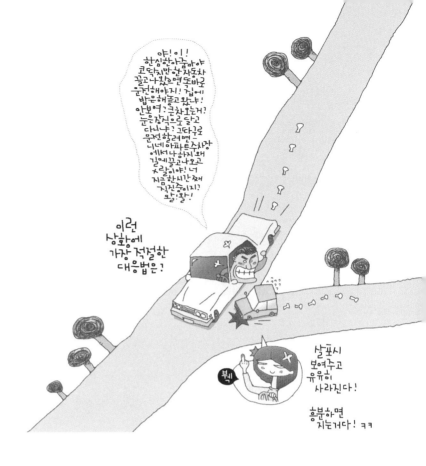

승부가 좋게 나더라도 정신적 고통이 남기 때문에 결론적으로는 내가 진 것이 되기 쉽다.

다양한 사람과의 경험을 기억하라

"저런 사람 한 번도 본 적이 없는 걸요?"라고 얘기하면 사실 할 말은 없다. 그러나 대개의 경우 상대는 만나본 적 있는 사람이다. 만났으되 얘기가 나오기도 전에 도망친 경우가 대부분일 것이다. 당장은 안 되더라도 독특하고 괴이한 사람을 보면 피하지 말고 일단 관찰하자. '내가 과연 저런 사람과 대화가 가능할까?'라고 생각하면서 훈련하는 것이다.

상대의 약점을 파고들어라

위의 떡볶이가게 아저씨는 먼저 기습공격을 감행했다. 내가 정상적인 항의를 했음에도 폭언을 퍼부었다. 이렇게 기습공격을 받으면 보통은 크게 흥분하여 덤비거나, 황당하다고 생각하며 꼬리를 내리거나 둘 중 하나의 선택을 한다. 그러나 둘 다 내 방법이 아니라면? 상대의 속을 박박 긁어야 시원하겠다. 그러려면 상대의 약점인 듯한 부분을 자극해야 한다. 처음 본 사람의 약점을 어떻게 찾아낼까? 너무 섬세하게 추리할 필요 없다. 뭔가 먹힐 것 같으면 찔러보면 된다. 상대는 그냥 기분이 나빠질 것이다. 예를 들어보겠다.

사례 1 BMW와 티코가 부딪힐 뻔했다. BMW가 끼어들기를 한 상황이다. BMW가 이기려면 어떻게 해야겠는가? 티코의 자존심을 밟으면 된다. "어디서 코딱지만 한걸 타고 나와서. 그 따위로 운전하려면 도로에 나오지도 마!" 하고 시속 150km로 도망가면 된다. 티코 운전자에게 열등감이 있었다면 며칠간 치에 떨며 지낼 것이다. 티코 운전자의 경우 "아빠가 할부금 내주셨니?" 정도로 받아쳐 주거나, 그럴 시간조차 없는 긴박한 순간이라면 무표정한 얼굴로 중지를 들어주면 된다. 그저 상대를 경멸한다는 메시지만 전달되면 된다. 무엇보다 상대의 말에 아무런 감정적 변동이 없다는 게 최고의 답변이 될 수 있다.

낮 12시에 동네에서 떡볶이를 먹고 있는 20대와 싸움이 붙었다. "직장이나 다니냐?" 같은 주제로 공격하는 것이 먹힐 것 같다. 요즘은 청년 백수가 많은 세상이라 확률적으로 상대 마음에 상처를 줄 가능성이 높다. 그러나 가끔은 대학원생이나 휴가 중인 직장인을 만나게 되기도 한다. 이런 때는 "네, 다니는데요?"라는 비웃음을 살 수 있다. 이런 경우를 대비해서 "낮에 할 일 없이 동네에서 밥이나 먹는 것이" 정도의 멘트가 좋다. 대충 다 자극해주는 말이니까. 상대가 가장 찔릴 것 같은 말을 하되 범위는 넓게. 공격은 매섭지만 수비는 넓게. 자, 그럼 이런 말에는 어떻게 반응해주는 게 좋을까? 별로 어렵지 않다. 역시 마찬가지로 어이없다는 표정에 경멸스럽단 느낌을 좀 첨가한 얼굴로 공손하게 말하면 된다. "저 바쁜데요. 떡볶이 아저씨."

개념 없는 위의 아저씨는 화풀이할 대상이 필요한데, 상대가 살살 도망가려고 한다. 이런 경우 상대를 도발하는 제일 쉬운 말은 뭘까? "너희 부모님이 그렇게 가르치시든?" 한 마디면 대개 게임 종료.

나이 낮은 사람이나 동년배와 싸울 때 상대를 도발하는 가장 쉬운 방법은 인간의 공통적인 콤플렉스, 부모를 끌어들이는 것이다. 그럼 상대가 부모를 들먹일 때 쉽게 벗어나는 방법은 없을까? 그냥 "그렇게 가르치시진 않았죠"라고 해주면 된다. 상대의 말을 또박또박 받아주면 이제 흥분하는 건 저쪽이 된다.

나이 적은 사람이 윗사람과 싸울 때 상대를 도발하는 방법은 무엇이 있을까? 우리나라에서는 이것이 너무 쉽다. 그냥 "야" 한마디면 끝난다. 상하체계가 정확하게 잡혀 한 살 차이도 철저히 따지는 사회이기 때문에 가능한 얘기다. 그럴 때 윗사람이 대처하는 방법은? 반대로 존대하면 된다. "방금 '야'라 그랬냐?"라고 하면 쓸데없는 말싸움만 일어난다. 그냥 물끄러미 쳐다보면서 "아, 예. 죄송합니다" 정도로 하는 것이 좋겠다.

정중한 말투로 사과하라

살살 약을 올렸더니 개념 없는 떡볶이가게 아저씨께서 드디어 머리끝까지 화가 났다. 내가 무슨 말을 해도 화를 낸다. 이때는 정치적인 제스처가 필요하다. 상대가 100퍼센트 잘못한 것이라 해도 어쨌든 자존심이 아주 손상된 상태이기 때문이다. 더 약을 올리면 무슨 짓을 할지 모른다. 이때 "죄송합니다"라고 해주자. 건들거리는 말투로 하면 안 된다. 정중한 말투는 상대를 혼란스럽게 한다. 분명 어딘가 비꼬는 분위기로 느껴지는데, 말투 자체는 흠 잡을 것이 없으니 딱히 뭐라 할 얘기가 없고, 상대가 예의를 갖출수록 "당신도 예의를 갖춰주시오"라는 메시지로 느껴져 결국 상대의 요구에 응하게 된다.

그래도 벗어나기 힘들면

선빵을 날리고 잽싸게 도망가자.

다시 안 봐도 되는 사람과
붙었다면

■ 앞의 사례는 말이 통하지 않아 말싸움을 할 수 없는 경우였다. 이번엔 양자 간에 말로만 싸우자는 합의가 암묵적으로 이뤄진 케이스다. 다시 보지 않을 사람과 말싸움을 한다면 목표가 확실해서 좋다. 무조건 이기면 된다. 그러나 이때도 고상한 방법이 필요하다. 어떠한 말싸움이든 너무 이기려고만 들면 큰 싸움이 될 가능성이 존재하므로 조심해야 한다.

자동차가 부딪혔다. 양쪽 모두 다치진 않았지만, 자동차 범퍼가 약간씩 찌그러졌다. 어느 쪽이 잘못했다고 말하기 애매한 상황이다. 이때 40대 남자가 튀어나오면서 바로 20대 여자를 보고 큰 소리를 친다.

"정신이 있는 거야, 없는 거야!"

여자가 나지막한 목소리로 얘기를 시작한다.

"아니, 아저씨. 무슨 말씀을 그렇게 하세요? 제 차가 여기서 차선을 지키고 들어갔고 아저씨 차가 여기서 끼어든 거 아녜요. 잘못해 놓고 무조건 들어와서 처음부터 반말부터 하시면 좋으세요? 그게 예의라고 생각하세요? 아무한테나 그렇게 반말로 하시나요? 제가 만약 다쳤으면 아저씨가 책임지실 건가요?"

"아니, 지금 당신이 갑자기 우회전으로 끼어든 거 아냐!"

"이 정도로 사고가 났으니까 다행이지, 아저씨가 조금만 더 빨리 달렸으면 전 그냥 죽는 거잖아요. 당신 실수 하나 때문에 생명이 하나 없어지는 거네요. 그냥 미안하다고 하고 보험사 통해서 해결하면 될 것을, 저한테 무슨 취급을 받으려고 이러세요? 지금 뭐하자는 거예요? 그렇게 돈이 많으세요?"

"아니, 이 여자가 진짜!"

감정을 실어 속사포처럼 공격하라

여자들이 남자와의 말싸움에서 이기는 경우가 많다. 여자들이 남자보다 말을 잘해서라고는 생각지 않는다. 실제로 논쟁이 벌어지면 남자들이 훨씬 독하고 날카로운 화법으로 여자들을 제압하는 일이 의외로 많다. 그런데 왜 평소 여자들이 더 말을 잘한다는 선입견이 있을까? 바로 연속으로 말하는 속도가 빠르기 때문이다. 확실히 여자는 감정을 대변하는 적절한 단어를 골라 빠르게 연사하는 것에서 남자보다 탁월한 능력을 가진 것 같다.

위의 사례에서도 같은 시간 동안 상대가 한 말의 몇 배를 쏟아내고 있다. 이런 경우 상대는 두 가지 반응을 할 것이다. 먼저 말 속도를 따라가기 힘드니 무조건 소리를 지른다. 이때 두 사람은 삿대질에 멱살잡이에 울고불고하기 십상이다(길거리에서 흔히 보는 장면인데, 이것만은 꼭 피하자. 보험회사에 전화만 하면 될 것을 그 부끄러움을 무릅쓸 필요는 없지 않은가). 이런 타입을 상대할 때는 같이 목소리를 높이면 안 된다. 나지막하고 단조로운 목소리로 끊임없는 랩을 토해내야 한다(샤우팅보다는 갱스터랩에 가깝게). 그러면 상대가 흥분하는 데 한계가 생긴다.

다른 반응은 나름대로 나의 랩에 홀려 이쪽 말을 경청하는 것이다. 그는 이미 이쪽 의도에 휘말렸다. 사실 나의 말에 논리라고는 없기 때문에, 상대는 혼란스럽기만 할 것이다. 결국 싸울 때는 상대의

246

말을 들으려고 시도하는 순간 이미 벌써 지는 것이다. 상대가 정신 못 차릴 정도로 계속해서 말을 하자. 내가 '말은 많지만, 말이 통하지는 않는 존재'임을 보여줘라.

상대가 말이 너무 빠르면 이쪽은

천천히 한다. 이는 상대에 따라 다르다. 상대가 속공을 하면 우리는 지공을 편다(우리에게는 채치수라는 훌륭한 센터가 있지 않은가…가 아닌가?). 내가 상대와 같은 개인기를 가지고 있지 않다면 수비를 탄탄히 해서 포인트를 빼앗는 것이 기본적인 전술이다.

> "아니 아저씨가 뭘 잘했다고… (중략) 그런 식으로 말씀하시면 되겠어요?"
> "(물끄러미 쳐다보며) 음, 글쎄요."
> "아니, 글쎄는 무슨 글쎄에요! 당신이 먼저 오른쪽으로 끼어들어서… (중략) 아저씨가 잘못한 거잖아요!"
> "음… 아닌 것… 같은… 데요."

어설프게 소리를 지르고 얼굴 붉혀봐야 소용없다. 나중에 온 경찰에게 "아니, 저 여자가 자기가 받은 주제에 나를 약 올리잖아" 같은 말을 하기엔 추접스러울 뿐이다. 상대가 숨이 턱에 차오를 때까지 말해도 경청해주자. 물론 실제로 들을 필요는 없다. 상대는 내가 듣는다고 생각하고 열심히 떠든다. 가끔씩 말을 받아주지 않으면 무시한다고 생각하니까 조금씩은 받아주자. 하지만 애매모호하고 긍정도 부정도 아닌 말투를 사용해서 상대가 계속 나의 페이스에 끌려

오도록 만들어야 한다.

말투와 내용과 태도를 각각 달리하라

이런 길거리 싸움은 1회에 끝나는 단기전이다. 클럽 축구가 아니라 월드컵 단판 승부인 것이다. 따라서 신출귀몰한 공격으로 상대의 페이스를 흩뜨리는 것이 중요하다. 위의 여자는 비교적 조용한 말투로 속사포같이 얘기하면서 냉정한 표정으로 가끔씩 웃음을 보여 상대를 혼란스럽게 하고 있다. 대화에 내용은 없되 말투는 정중하고, 화가 난 듯 보이나 얼굴은 방긋 웃는다. 이런 이중적인 모습은 상대가 화를 내야 할지 차근히 말로 풀어야 할지 판단하기 힘들게 하여 주저하게 만든다. 이 순간 결정적인 슛을 날리면 된다.

상대의 말은 듣지 말되 포인트는 정확히 잡아낼 것

한참 싸울 때 상대의 말이 들리지 않는다. 아니, 상대가 하는 말에 신경 쓰면 진다. 오직 자기의 논리만을 얘기하라. 단 상대가 화해하자고 나오거나 봐주겠다고 나오는 걸 놓치면 바보다. 상대가 정치적인 제스처를 취하면 즉시 예의바른 태도(그래서 처음부터 예의를 갖추고 싸우는 게 좋다. 온갖 욕을 다하다가 갑자기 살랑거리려면 자존심에 손상이 온다)로 바꿔야 한다.

자극적인 말투는 금물

이제 슬슬 협상을 보기 위한 단계에 들어선다. 말싸움에도 격이 있다. 상대가 멋진 수를 두고 있는데 알까기를 하지는 말자. 사람을 너무 자극하면 사소한 일로 한이 남고, 그러면 주변에 자꾸 적을 만들게 된다. 사실 위의 사례에서도 안 싸우는 것이 최고의 방법이다. 함부로 던진 한마디 때문에 소송까지 가는 일이 허다하지 않던가. 그렇게까지 가면, 즉 피해를 입는다면 무조건 나의 패배다.

함부로 사과하지 마라

개념 없는 사람과 싸움을 피하려면 헛사과를 해도 좋지만, 이런 경우엔 함부로 사과를 하면 안 된다. 자칫 사과를 하면 '어떻게 보상할 거냐' '잘못한 걸 알기는 아느냐'는 식의 반응이 나오게 되며, 이때 일일이 반응하다 보면 말싸움에서 질 가능성이 높다. 그러니 "유감입니다만"이나 "저희로서도 최선을 다하겠습니다만" 정도의 멘트면 족하다.

약간 양보하는 듯 타협하기

자, 위에서 말한 치졸한 비법들을 지금 외우고 있는가? 자, 자. 정신 차리길 바란다. 이런 식으로 싸워봐야 무슨 이득이 있는가? 사소한 일로 기운 빼고 나면 종일 기분이 나쁘다. 특히 상대에게 찜찜한 말이라도 듣고 나면 며칠간 괴롭다. 부정적인 감정끼리 겨루게 되는 상황은 피해야 한다. 서로가 지지부진한 상태로 계속 부딪히면 슬슬 접을 생각을 하고, 약간 양보하는 듯한 제스처를 취하자. 어떤 게임이나 싸움도 양쪽 모두 실력이 좋아서 쉽게 이길 수 없겠다 싶으면 알아서들 빨리 끝내게 마련이다. 프로는 프로를 알아보는 법이니까.

03

관계를 유지해야 할 때의
대화 기술

친하진 않아도 관계는
유지해야 하는 상대라면

■ 보통 토론을 할 때가 이런 경우에 해당한다. 싸움과 토론을 혼동하는 사람은 토론에서 무조건 이기려고 든다. 하지만 토론에서는 주변사람에게 인정받는 것이 더 중요하며, 더구나 같이 논쟁한 사람들은 다시 만나야 할 때가 많다.

이런 종류의 싸움은 길거리싸움이 아니라 관중 앞에서 치르는 정식경기에 가깝다. 둘의 차이가 무엇이겠는가? 길거리싸움에는 룰이 없다. 주먹을 쓰든 도구를 쓰든 이기면 장땡이지만, 관중 앞에서 싸울 땐 본인이 저쪽보다 강하다는 암시만 주면 된다. 승리는 관중의 동의로부터 생겨나는 것이지, 상대를 때려눕힌다고 얻어지지 않는다. 반칙승도 존재하지 않는다. 따라서 자신이 룰을 지키면서 이성을 유지할 수 있고, 품위도 있음을 증명해야 한다.

상대가 많이 얘기하게 만들어라

아무리 잘난 사람도 완벽한 논리를 가지고 있진 않다. 우리가 믿는 일관성은 남 앞에서 30분만 떠들어도 밑천이 나타난다. 이 점을 잊지 말자. 상대가 자기주장을 마구 드러내다가 스스로 자기 발에 걸려 넘어지도록 만들어야 하는 것이다.

문제는 그런 사실을 상대도 충분히 알고 있다는 것. 때문에 '당신의 말을 경청하겠다'는 태도로 겸손하게 질문을 던져야 한다. 반박의 여지가 없는 이야기, 예를 들어 '환경을 지키자'라거나 '서로 사랑하자' 같은 이야기를 상대가 하면 확실히 고개를 끄덕이며 동조 의사를 보여주어야 한다. 그래서 상대로 하여금 내가 자기와 논쟁하려 하기보다는 자신의 의견을 듣고 싶어한다고 느껴지도록 만들어야 한다.

의견이 엇갈리는 부분은 그냥 넘어가자. 어차피 나중에 말할 기회가 온다. 이런 식의 언쟁에 능한 사람은 실상 거의 몇 마디 하지도 않는다. "그렇다면 …하다는 얘기인가요? 야, 그거 대단하군요" "그렇다면 이러이러해서 저러하다는 얘기겠군요. 저도 그런 점은 정말 동의합니다" 같은 말을 하며 상대가 스스로 모순을 토해낼 때까지 기다릴 뿐이다.

상대가 논리적으로 너무 완벽하다면? 그래도 상관없다. 만병통치약이 하나 있으니까. 대화의 막판에 "다 알겠다. 그런데 말은 그렇게 하면서 행동은 그렇게 하고 사느냐?"라는 말을 꺼내면 대부분의 상대는 움찔하게 마련이다. 어차피 이론과 삶을 정확하게 일치시킬 수 있는 인간은 드물기 때문이다. '나는 내 말대로 산다'라고 주장하는 인간은 스스로를 잘 모르는 사람일 테니, 그 말조차 자기 수준을 보여주는 것이 된다. 정말로 자기 말대로 사는 인간은 대개 로봇처럼 융통성 없는 삶을 사는 편이므로 "당신은 그런 식으로 해서 유연성 있는 태도를 취할 수 있느냐"라고 공격해도 그만이다. 음…. 그런데 이 사람은 정말 괜찮은 사람이고 논리도 맞고 옳다고? 할 말이 없다고? 그럼 져야지. 그런 사람하고 왜 논쟁을 해. 피해야지.

상대가 스스로 감정을 드러내도록 만든 후 곧 덮어줘라

결국 말싸움은 감정싸움이다. 상대의 논리에 지면 부아가 치민다. 그리고 감정이 툭 튀어나오는 순간 패배감이 밀려온다. 따라서 설사 자신이 상대보다 못했다는 생각이 들어도 쉽게 감정을 노출해선 안 된다. 졌어도 이긴 척하며 뒤돌아설 수 있어야 회복이 쉽다.

이 논리를 이용, 역으로 상대의 약을 올려서 감정을 유발시키는 방법도 생각할 수 있다. 예의 없는 말을 하거나 상대의 아픈 점을 콕콕 찌르면 되니까. 하지만 상대가 자극을 받으면 재빨리 상대의 감정을 추슬러줘야 한다. 병 주고 약 주면 상대는 흔들리게 되어 있다. 예를 들어보자.

"그렇다면 형님이 하는 얘기는 웃기지도 않은 겁니다."
"뭐야!"

"저는 형님이 항상 올바른 분이라고 생각합니다. 그런데 아까 한 얘기는 지금과 다르지 않습니까? 형님의 가장 멋진 부분을 스스로 부정하는 거란 말입니다."

"……"

일부러 상대의 부아를 살짝 돋운 후 재빨리 어루만져주거나 상대의 장점이나 자신의 단점을 내세워 상대를 돋보이게 만든다. 당근과 채찍을 동시에 사용하면 상대는 혼란에 빠지게 마련이다.

상투적인 말도 때론 유용하다

위의 대화를 잘 살펴보면, 아는 동생이 형에게 대놓고 말하기엔 좀 낯 뜨거운, 손발이 오그라드는 말이라는 것을 알 수 있다. 동생이 너무 진지해서 형이 뭐라 답하기도 애매한 상황이 만들어지는 것이다. TV 드라마에나 나올 듯한 상투적 대화를 진정으로 싫어하는 나이지만, 이는 상황에 따라 얼마든지 효과적으로 쓸 수 있다.

"네가 그런 짓 하고도 어떻게 나타날 수 있어? 내가 얼마나 힘들었는지 알아? 말을 해봐. 말을 해보라고!"

"왜냐면… 너를 사랑하니까."

"……"

"알아주길 바랐어. 그냥 갈게."

"……"

크핫! 사실 이런 클리셰에 '상투' 쌈을 한 듯한 표현이란. 그러나 이것이 누군가에게는 거의 개그가 될지언정, 다른 누군가에게는 진정한 진실로 읽힐 수 있다. 아마 좀 순진한 사람이라면 마지막의 침묵 속에 '어머, 감동⋯. 그렇구나. 날 사랑하는구나'라는 말이, 좀 시니컬한 사람이라면 '얘가 지금 제정신이 아니구나. 말로 해선 안 되

겠군'이라는 말이 숨어 있을 것이다.

어쨌든 상대의 입을 다물게 하는 데는 매우 효과적인 방법으로, 상대의 성격에 따라 적당한 심리를 기대하며 사용하면 된다. 문제점은 하나. 손발이 오글거리는 증상 때문에 입에 담기 힘들다는 것.

통계수치나 인용 문구를 대라

최근 들어 북미에서 표재성 담낭육종이 크게 증가한다는 연구가 있었다. 북미종양연구소NCPC는 지난 20년간 1,723명 환자들의 발생역학에 대한 전향적 연구를 실시했다. 그 결과 1980년대보다 2000년 이후 표재성 담낭육종의 발생율이 0.018퍼센트로, 20년간 450.6퍼센트의 증가세를 보였음을 밝혔다. 연구소의 한니발 홉킨스 박사는 "북미에 거주하는 유색인종보다는 코카시언들에게서 특히 급증했음을 보여주는데, 이는 백인의 8번 유전자의 변이성과 관련이 많다고 가정하고 있다"고 밝혔다.

– AP, Journal of National Cancer Biology, 2010

그럴 듯한가? 안 속았다고? 좀 조악하기는 한데, 위에 나오는 말은 모두 다 거짓말이다. 하지만 그럴 듯해 보인다. 사람들은 일단 숫자는 정확하다는 인식을 가지고 있다. 사과가 많다고 얘기하는 사람보나는 18개 있다고 하는 사람에게 훨씬 신뢰가 간다. 그래서 사람을 홀릴 때는 숫자를 많이 섞어 얘기하는 것이 좋다. 특히 소수점을 찍어주는 게 효과적이다. 녹음하지 않는 한 어차피 그 숫자, 기억할 사람도 없다. 한니발 홉킨스(영화 〈양들의 침묵〉 주인공 이름이다)라든가 영어 약어라든가 처음 듣는 잡지, 책명을 거론하는 것도 그럴 듯하다. 어차피 상대는 모른다.

개인적인 이야기를 해보면, 사실 난 암기력이 부족해서 이 기법을 잘 활용하지는 못한다. 못하는 걸 넘어서 이 방법을 너무 써먹는 사람들을 혐오하기조차 한다(콤플렉스의 발로겠지). 자신의 이론에 자신 없는 사람은 수치와 다른 사람의 권위에 자주 기대게 된다. "아인슈타인은 60세가 되던 해 이렇게 말했다고 하죠"라거나 "17세기의 대학자 파스칼은 이런 말을 남겼다고 합니다" 같은 말은 자신이 하고 싶은 말에 남의 권위를 빌려온 것이다. 이는 자신의 지적인 성취에 자신감이 부족하다는 반증이기도 하다.

경험해봤던 것처럼 말하라, 그러나 조심해야

정확한 숫자나 근거를 대는 것이 힘들다면 겪어본 일인 양 말하는 것이 좋다. 학자들도 평소 공부 많이 안 하는 사람은 자연스레 자신의 경험을 얘기하는 경우가 많다. 사실 "제가 책에서 확인한 바로는 발현율이 90퍼센트에 달합니다"보다는 "내가 해봤는데 반도 안 되던데?"라는 말이 더 그럴 듯하게 들리기도 한다.

인터넷에서 논쟁할 때 그런 경우가 많다. 게시판에서 싸움이 붙은 경우, 4가지 유형의 사람이 등장한다. 첫째는 고수. 그 주제를 정말 잘 알고 있는 사람이다. 둘째는 책으로 읽어서 이론으로만 아는 사람. 셋째는 자신이 직접 경험한 바에 대해 확신이 있는 사람. 넷째는 알지도 못하고 경험해본 적도 없어 그냥 관망하는 사람들이다.

대개 고수는 가만히 있다. 잘 끼어들지 않고 가만히 본다. "쯧쯧쯧" 하면서. 이론으로만 아는 사람은 자신에게 경험이 별로 없다는 것을 감추고 싶어서 좀 과할 정도로 읽은 책과 들은 이야기를 주워 담느라 정신이 없다. 대개 이들은 "님은 그걸 직접 경험해본 적은 없는 것 같습니다만"이란 한마디에 허물어지곤 한다. 이론에 더 강한 사람이 등장하면 도태될 수밖에 없다는 것도 이들의 한계다.

체계적 이론은 없지만 자신의 경험과 편견에 의거해 의견을 펴나가는 사람(나도 이쪽으로 사료된다)은 제대로 경험한 부분에 대해서는 권위가 있지만, 고수가 물어오면 이론이 부실한 게 드러난다. 그때부터는 "안 해봤으면 말을 하질 마세요"라는 고집으로 흐르기 쉽다. 자신의 경험을 누군가가 확인할 수는 없기 때문에 마치 종교와 같이 "알아들을 자는 알아들으라"는 분위기를 형성하며 팬과 안티를 동시에 형성하게 된다.

고수에게는 딜레마가 있다. 자신의 전문분야를 쉽게 설명하기란 애시당초 어려운 일이라는 사실을 잘 알고 있는 것이다. 기본적인 개념부터 서로 공유되어 있지 않으면 아마추어를 설득하기란 매우 어렵다. 특히 인터넷 게시판처럼 상대를 즉시 설득해야 하는 장에서는 정체를 드러내지 않은 상태에서 상대를 믿게 하기가 어렵다. 따라서 고집스러운 아마추어 경험론자와 부딪히는 순간 고수는 점점 짜증이 나서 말을 독하게 하게 된다. 바로 이때 아무 생각 없이 관망하던 대다수가 끼어든다.

"님께서는 조금 더 안다고 심하게 말씀하시는 것 같네요."

어차피 잘 모르는 사람에게는 토론 내용이 자신에게 달콤하게 들리는지 아닌지가 더 중요하다. 고수는 짜증이 나서 게시판을 탈퇴한다. 결국 편견으로 가득 찬 아마추어가 소수의 팬을 형성하게 되고,

그것이 잘못된 의견이라 할지라도 정론의 가능성을 획득하게 된다. 이런 현상이 인터넷 곳곳에서 일어나면서 오류가 정론 행세를 한다. 사실 사람의 탓이라기보다는 인터넷이라는 환경의 깊이가 너무 얕은 탓일 것이다.

결론적으로 논쟁에서는 많이 아느냐, 적게 아느냐가 중요한 것이 아니다. 그보다는 자신이 경험 많은 사람인 듯한 뉘앙스, '당신들이 이해 못하겠다면 어쩔 수 없다'는 듯한 고수의 초월적인 뉘앙스를 풍기는 것이 중요하다. 밑천을 드러내선 안 된다. 질 것 같으면 "여기까지만 하죠" 하면서, 객관성이 부족하다는 비난에 대한 반박을 하기엔 지면이 짧다는 인상을 풍기며 사라져야 한다. 쓰다 보니 좀 그런데, 개인적으로 이런 사람들을 매우 혐오한다.

말을 절제하라

최근 히트한 CF 중에 이런 게 있다.

"산수유가 남자한테 참 좋은데… 그것 참 말할 수도 없고……."

분명 아무 말도 하지 않았다. 그러나 모두들 나름의 생각을 하면서 사먹고 계시다.

말을 절제하라는 이야기는 아무리 강조해도 지나치지 않다. 논쟁시 상대는 내가 하는 말을 듣는 게 아니다. 내 말을 듣고 자신의 의견을 재정리할 뿐이다. 내 말이 많으면 상대는 나 자신을 파악하고 그 대응책을 만들지만, 말이 적으면 자기 나름대로 상상해서 빈 공간을 메울 수밖에 없다. 그 공간은 정확하지 않은 부분들이기 때문에 나중에 역공격이 쉬워진다.

이를 가장 잘 이용하는 사람이 종교인들이며, 예수나 부처는 그 분야의 초절정에 계신 분들이다. 더 이상은 말할 수 없는 것이라고 하고 조용히 앉아 있으면, 상대는 그 침묵에 불안감을 느끼며 여백을 신비와 믿음 혹은 공포와 분노로 채우게 된다.

사실 도저히 말로 설명할 수 없는 경지도 있고, 말로 하게 되면 오히려 진실에서 멀어지는 경우도 있으며, 자신이 모르는 것을 말하지 않으려는 사람들도 있다. 하지만 일상에서 그런 이들을 자주 만나지는 못한다. 오히려 자신의 무지를 감추기 위해 말을 아끼고, 마치 모든 것을 초월한 척하는 사기꾼을 더 자주 만나지 않던가.

논쟁에 이기기 위해서야 적당히 자신을 감추는 게 낫지만, 일상에서까지 그러진 말았으면 한다. 자신이 무지하다면 드러내라. "제가 그쪽 분야는 좀 무식합니다. 그러니까 많이 가르쳐주세요"라고 말하면 뭐 어떤가? 본 모습을 보여주는 쪽이 결국 더 나은 관계를 만들어간다는 점을 기억하라(여태 적은 글을 빈정거림으로 읽지 못하고 액면 그대로 받아들이는 사람도 있겠지 싶다).

긍정하는 척하면서 부정하라

타인의 말에 동의하는 것. 이는 성공을 위한 핵심비법이다. 상담해주는 의사도 상담받는 환자도 "네, 맞네요"란 말을 듣기 원하며, 물건 파는 상인은 물론 사는 고객도 "네, 좋아요"란 반응을 원한다. 대화 중에도 상대가 하는 말에 아무 생각 없이 고개를 끄덕여주거나, "응, 응" 하는 추임새를 섞어주면 호감도가 급상승한다. 굳이 상대의 말에 정확히 반응해줄 필요도 없다. 내가 같은 편이라고 느끼게 해주는 것만으로 충분하다.

"효근이 그 녀석이 싸가지 없는 말투로 딱 그러더라고. 너 관둬. 나 참"

"효근이가 좀 예의를 안 차리지. (솔직해서 그렇지, 싸가지 없는 건 아닌데)"

"아니, 그 일 누가 먼저 시작한 거야? 내가 아이디어 내서 시작한 거 아냐?"

"네 아이디어였지. (너희 둘이 같이 시작했지만)"

"그러더니 어느 샌가 자기가 마치 주인공인 양 나서기 시작하는데, 와 이거 짜증나서."

"네가 짜증나는 거 이해한다. (네가 주인공을 못 하니 얼마나 짜증이 나겠냐)"

"도대체 이 상황을 어떡해야 하나? 멱살잡이라도 할까?"

"네가 상황을 잘 이끌어야지. 짜증이야 나겠지만 효근이 그 녀석도 다혈질이라 잘 다뤄야 한다. 네가 현명하게 대처해야 해. (너나 걔나 똑같은 놈들 아니냐. 바보짓 하지 마)"

"그 자식이 이따위로 나오는데 내가 어쩌라고?"

"어차피 너희 둘은 네가 융통성 있게 맞춰주면서 가는 사이였잖아. 새삼스럽긴. (만날 싸우고 나한테 상의하고 네가 사과하는 패턴도 이제 지겹다)"

"또 내가 참으라고?"

"네가 참는다기보다는, 너한테 그럴 능력이 있다는 거지. (응, 참으라고)"

상대를 부정하는 내용의 말을 생각하면서도 겉으로는 긍정적인 말만 건네고 있다. 상대의 편견 섞인 말에도 동의해줄 만한 구석이 없는지 계속 찾아봐야 한다. 100억 부자가 자신이 가난하다고 투덜대도, "그래, 빌 게이츠 앞에서 네가 주름이나 잡겠냐"라고 할 수 있어야 하고, 늙어간다 투덜대는 20대 미녀한테도 "노후준비를 좀 하서야겠다"며 농담을 던질 수 있어야 한다. 상대가 하는 말의 단어 몇 개만 바꿔도, 상대를 긍정하는 듯 보이면서 자신의 생각에도 위배되지 않는 상황을 만들 수 있다. 서로를 만족시키는 단어를 찾아내는 것이 관건인 셈이다.

중요한 건 긍정만 하는 것이 아니라 상대의 의도를 약간이라도 달라지게 하는 상황으로 전개시켜야 한다는 것이다. 위 대화에서 상대는 '효근이 나쁘고 자신은 올바르다'는 요지의 이야기를 하고 싶어한다. 하지만 결국 상대가 양보해야 한다는 쪽으로 대화를 이동시켰다.

일반적으로 '잘난 네가 참아라' 같은 칭찬이나 '원래 너희 사이는 그런 거다'라는 식의 물타기를 하는 것이 좋다. 상대의 의견과 나 자신의 의견을 칵테일처럼 잘 섞은 후, 상대가 원하는 맛을 강조해서 건네라. 속아서 꿀꺽 삼켜버린 상대는 내가 집어넣은 반대의견까지 먹어버리고 말 것이다.

사소한 오류를 인정해서 상대를 낚아라

"상후 너 준비 똑바로 안 할래? 내가 옆에서 쭉 지켜봤는데, 남이 하는 말은 귓등으로도 안 듣잖아. 너 은근히 사람 말 무시해. 알아?"

"호중아. 미안하다. 내가 원래 기억력이 약하잖니. 만날 남의 말을 깜빡하게 되네."

"어찌 됐건 해오기로 한 건 해야 할 거 아냐? 그게 기억력 문제냐? 책임감이 없잖아!"

"나도 참 고민이다. 요즘 지쳐서 그런지 해야 할 일인 거 알겠는데도 손이 잘 안 간다. 미안해. 내가 책임져야 하는 거 맞다."

"그렇게 지치면 하던 일을 좀 줄이든가."

"그게 줄이기가 힘드네. 다 중요한 것이다 보니……."

"그럼 우린 어떡하라고? 다 같이 잘해보자고 시작한 거 아니냐고?"

"알았다. 나도 정신 차리고 좀 해볼게. 조금 더 노력하면 되겠지 뭐. 호중이 너도 도와주라. 네가 미리 읽어오는 것만 해주면 나도 부담이 줄어들 것 같은데."

"알았다. 나도 내 할 것만 한 건 사실이니까 좀 도와줄게. 그럼 내가 여기까지 해올 테니 너도 신경 좀 써줘. 너한테는 몰라도 나한테는 꽤 중요한 일이라고."

상후는 예의바르게 상대의 성난 공격에 잘 대처했다. 사실 상후가 호중의 지적에 제대로 대답한 건 없다. 불성실함을 지적하는 말에는 기억력이 좋지 않다고 했으며, 책임감이 없다는 지적에는 요즘 지쳐서라고 대답했다. 상대의 말을 다 인정하는 듯이 말하지만, 정작 자신의 사소한 단점만 인정할 뿐 교묘하게 정당성을 어필하는 것이다. 이러면 상대가 비난하기 힘들어진다.

상후는 호중의 목소리가 낮아지는 순간 앞으로 잘하겠다고 얘기한다. 하지만 이때도 그냥 넘어가지 않는다. '난 무척 힘든 사람이니까 네가 도와주면 좋겠다. 사실 네가 뭐 제대로 도와준 건 없지 않느냐'는 메시지를 살짝 섞는다. 사람 좋은 다혈질 호중은 자기도 모르게 '알았다, 나도 문제가 있었지' 하며 공동책임을 인정하게 된다. 왜? 안 그러면 자기만 치졸한 사람이 되는 것 같으니까. 물론 이런 것도 사람 봐가면서 사용해야 한다. 나한테 걸리면 국물도 없다.

자기가 옳다는 것을 스스로 주지하라

아는 게 많거나 내 생각이 옳다는 확신이 들면 당당해지는 법이다. 당연한 이야기다. 싸움에서도 항상 당당하려면 내가 최고이며 올바르다고 믿는 것이 가장 중요하다. 그게 잘못된 신념인지 아닌지는 중요치 않다. 싸움터에 나가서까지 생각이 많으면 안 된다.

가끔 보면 마음속에 피어나는 의심을 확실히 누를 줄 아는 재주를 가진 사람들이 있다. 눈 동그랗게 뜨고 자기 확신에 가득 찬, 아는 것 많은 분들. 그동안의 삶이 마음을 짓누르든 아니면 원래 그런 의심 따위 키워본 적이 없든 간에 말이다. 그런 사람들 말고 보통사람 얘기를 해보자.

타인과 싸울 때는 동시에 자신과도 싸워야 한다. 자신의 모순이 드러날 때 생기는 죄책감과 초조함, 계속된 싸움에 지쳐 포기하고픈 마음 같은 것과 말이다. 이런 감정이 겉으로 드러나는 순간 상대는 그 부분을 파고들기 시작한다. 이것이 패배의 빌미가 되기도 하는 셈이다.

사실 여태껏 말한 팁은 다 이런 마음을 보완하기 위한 것이었다. 대화하는 동안 상대하고만 대화하던가? 자기 스스로에게도 끊임없이 말을 걸며 상대를 이길 궁리를 하지 않느냐 말이다.

내가 너무 나쁜 사람은 아니라고 느끼기 위해서는 내 잘못도 좀 인정해줘야 한다. 굳이 상대를 설득시키기 위한 것만은 아니다. 초조함을 숨기기 위해 편안한 얼굴을 가장하면서, 잠시 상대의 말을 들으며 휴식을 취할 줄도 알아야 한다. 도저히 이길 수 없는 상황이 되면 항복하는 척하고, 상대 말에 동의하라. 내가 '공정하고 쿨한 사람'임을 즐겨라. 그러면 얼굴에 패배감이 나타나지 않는다. 그리고 때를 기다리다가 상대가 실수할 때 다시 승부를 걸 수가 있다.

친한 사이에서 진정으로 승리하려면

■ 자, 사실은 이 이야기를 하고 싶어서 이렇게 긴 이야기를 한 것이다. 앞의 글을 읽으면서 "아, 이렇게 해야겠구나" 하면서 고개를 끄덕이셨는지? 솔직히 지금까지 말한 기술은 다소 야비했다. 가끔 환자 중에 싸울 줄 몰라서 당황하고 상처 입는 분들이 있어서, 억울하게 당하고만 있지 말라고 정리한 최후의 비책이어서 그렇다. 그러니 유용하게 쓸 수 있는 분도 있을 것이다.

하지만 오랜 시간을 함께해야 하는 상대도 있다. 아마도 시간이 지나면 앞에서 말한 전법은 그들에게 다 노출될 것이다. 이미 들킨 방식을 고집하며 자신이 승리하리라 착각하는 걸 지켜보는 것도 피곤하다. 끝까지 우기며 살 수도 있겠지만, 그로 인한 고립감은 자기 몫으로 고스란히 돌아온다. 따라서 최고의 방법은 내가 원하는 결론은 얻되, 상대에게 패배감을 주지 않는 것이다. 즉, 내 머리를 숙여 상대 스스로 감화되도록 만드는 것.

상대에게 졌다는 느낌을 주지 말자

"자기 그저께 뭐라고 약속했어? 분명 옷 정리 정도는 해주겠다고 했지?"

"아니, 퇴근한 지 얼마 안 됐잖아. 좀 쉬고 할 수도 있지."

"자기가 평소에 뭐라고 그랬어? 한 번 내뱉은 말은 정확하게 지켜야 한다고 어제도 그랬잖아?"

"아니……."

"아빠가 애들 앞에서 모범을 못 보여주면 어떡해? 약속한 지 3일도 안됐다."

"나 지금 퇴근한 지 20분도 안 됐거든? 좀 쉬자. 영미야, 아빠 조금 쉬었다가 해도 돼지?"

"아니, 왜 애를 끌어들이고 그래? 퇴근은 퇴근이고. 들어왔을 때 옷 벗어서 제대로 걸면 되는 문제 아냐? 지금 바로잡지 않으면 내일부터 또 대충할 텐데? 지금 당장 해."

"아, 정말……."

"뭘 망설여? 자기가 잘못한 거 맞잖아? 잘못했으면 고쳐야!"

어디서 많이 보던 풍경이라 느꼈을 것이다. 뭐, 약속 안 지킨 남자 쪽에 문제가 있는 건 사실이다. 약속은 지켜야 하는 것이고, 옷 정리도 잘 하는 게 맞다. 문제는 남자의 속마음이다.

'아, 그래. 내가 약속은 했지. 지켜야지. 내가 만날 애들한테 하는 말이기도 하니까. 근데 말이야. 이 마누라는 왜 이렇게 항상 나를 못 잡아먹어서 안달이야? 내가 놀고 왔나? 밖에서 열심히 일하고 들어왔는데, 쉰 지 몇 분이나 됐다고 사람을 이렇게 들볶아? 집에 있는 사람이 가끔씩 챙겨주는 게 당연한 거 아냐? 아니, 애초에 내가 하고 싶어서 옷정리하겠다고 했느냐고. 자기가 하라고 하도 따지고 들어서 내가 알았다고 해준 거 아니야. 그리고 아이한테 모범이 되어야 한다고 말하는 주제에 왜 애 앞에서 이렇게 면박을 주는 건데? 마누라가 대놓고 아빠를 무시하면 그건 교육적이고? 두고 보자. 내가 언젠가 한 번……'

이렇게 생각한다는 것이다.

가족끼리의 싸움은 언제나 문제다. 옹기종기 모여서 생활하며 틈만 나면 서로의 우위를 확인하려 하는데, 항상 같이 지내다 보니 재승부의 기회가 워낙 많다. 바로 이 점. 가족이나 친척, 가까운 친구나 동업자에게는 언제나 복수의 기회가 주어진다. 또 대판 싸우고 나서도 내일이면 같이 밥 먹고 놀아야 하는 사이라는 것도 문제다.

이렇게 가까운 사이에서는 감정이 사소하게 틀어지는 것도 매우 중요하다. 말싸움에서 표면적으로 이긴 것은 중요하지 않다. 상대가 충분히 납득하지 못하면 나중에 사소한 일로 분노가 폭발한다. 정말로 옳은 소리를 해서 납득을 시켰어도 마찬가지다. 요즘 만날 당한다는 느낌이 들면 언젠가는 '내 절대 지지 않으리' 같은 마음을 자극시키는 것이다.

위의 대화를 아래와 같이 바꿔보는 것은 어떨까?

"사랑하는 자기. 내가 한 마디 하고 싶은 말이 있는데."
"무슨 말? 뭐 시키려고 그러지?"
"응. 대단한 건 아니고. 왜 3일 전에 자기가 나한테 해준 말이 있는데."
"응? 3일 전?"
"자기 까먹었구나. 자기 옷은 스스로 정리한다고 멋있게 얘기해줬는데."
"아, 그거. 알았어, 할게. 할게."

"와! 약속한 건 확실히 지키는 아빤데? 그렇지, 영미야?"

"알았다, 알았어. 쩝."

억지로 옷 정리를 해야 하는 아빠의 마음이 개운치는 않더라도, 아마 한이 남지는 않을 듯하다. 이런 식으로 사람을 잘 구슬리고, 자신을 낮춤으로써 상대를 기분 좋게 움직이는 사람을 소위 '현명하다'고 말한다.

화해할 수 있는 여지를 남겨라

연인 간의 대화를 한번 살펴보자.

"영선아. 너 어제 나한테 종로에서 친구 만난다고 하지 않았어?"

"응? 진숙이 만났는데? 종로에서 만났어."

"어제 너를 이태원에서 봤다는 사람이 있어서."

"응? 이태원? 아… 갔지. 같이 가서 저녁 먹었어."

"둘만 먹은 게 아니라던데."

"아… 무슨 얘기하려는지 알겠다. 어제 만난 남자들 말이구나. 그 사람들 아무것도 아냐."

"누군데?"

"그게… 진숙이가 요즘 알고 지내는 남자친군데, 걔가 자기 친구까지 데려왔더라고."

"진숙이 걔도 남자친구 있잖아. 그리고 우리 사이 알면서 무슨 친구를 또 데려와?"

"아니, 지나가다가 들렀대. 그냥 아는 사이래."

"알았다. 뭐, 그럴 수도 있지. 그런데 진숙이 걔는 남자친구 있으면서 무슨 남자를 또 만난다고 그래?"

"아, 걔가 좀 그래. 지금 남자친구랑도 별로 사이가 안 좋아."

"너, 걔랑 적당히 어울려. 괜히 나중에 오해사지 말고. 너처럼 괜찮은 애가 그래서야 되겠어? 오빠가 널 얼마나 사랑하는데."

"알았어."

영선은 바람이 난 듯하다. 오해 아니냐고? 거의 확실하다. 만약 어제 잠깐 만난 남자들과 별 사이 아니라면, 상대가 이태원 얘기를 꺼내자마자 벌써 "아, 혹시 어제 남자들 얘기?"라고 말을 꺼냈어야 한다. 아무 일 없었던 양 말을 돌리려는 시도 자체가 의심스럽다.

하지만 남자는 조심스럽다. 상대를 몰아붙이지 않는다. 스스로 얘기하듯이 '오빠가 얼마나 사랑하는데' 곤란한 지경까지 몰고 가겠는가. 만약 이 상황에서 "너 솔직히 얘기해. 어제 뭐 했어? 너 러브샷까지 하더라는데"라고 해버리면, 상대는 꼼짝없이 거짓말쟁이, 바람둥이로 규정되고 만다. 이 지경까지 가면 영선도 가만있지 않는다. 자신의 도덕적 결백을 주장하기 위해 '오빠 날 못 믿어? 실망이야. 나 다시 만날 생각하지 마' 하는 분위기로 가게 될 것이다.

대신 남자는 영선에게 면죄부를 부여한다. "진숙이 때문에 네가 오해를 받은 상황이다"라고 말하는데, 이 말 속에는 '네가 만약 그렇다고만 말해준다면 나는 용서하겠다'라는 메시지가 숨어 있다. 둘 사이가 파국으로 갈까 봐 걱정인 남자는 알면서도 여자친구를 용서해주지만, 대신 '네가 하는 행동을 지켜보고 있으니 앞으로는 조심하라' 라는 의도를 내비치는 것이다. 상대가 이를 잘 이해하면 둘 사이가 더 공고해질 수도 있겠지만, 그러지 못하고 딴 짓을 하면 결국엔 문제가 생길 것이다. 이런 종류의 대화는 서로 짝짜꿍이 맞아야 하는 것이라서, 은밀한 메시지를 던졌는데 상대가 눈치채지 못하면 아무런 의미가 없다.

상대의 혼란스러운 말을 정리해주자

"너 말 좀 해봐. 그게 네가 한 게 맞긴 해?"

"내가 뭘 그리 잘못했어? 내가 다 책임져야 하는 거야? 나도 좀 쉬고 싶어. 왜 다들 나만 갖고 그래?"

"너만 책임져야 하는 거 같아서 힘들어?"

"그래. 왜 전부 나보고 하라고 난리인 거야? 난 좀 쉬지도 못해? 왜 현정이는 안 해?"

"현정이는 아무 일도 안 하는 것처럼 보여?"

"그래. 현정이는 아무것도 안 하잖아. 전부 다 날 싫어해. 나만 나쁘고, 나만 못됐고."

"그럼 현정이가 자기 할 일 확실히 하면 네가 좀 낫겠어?"

"……."

"내 생각엔 그동안 네가 너무 힘들었기 때문에 이번에 실수를 한 것 같아. 현정이에게도 책임을 좀 나눠주고, 너는 부담을 줄이고. 대신 이번에 네가 한 일은 잘못한 거야."

"……."

"네 생각은 잘 알았어. 너도 좀 편하고 싶은 거지? 힘들어서 이번에 실수한 거지? 나도 신경 쓸 테니까 우리 앞으로 잘하자. 알겠지?"

"알았어."

엄마와 아이 사이 같기도 하고, 친구사이 같기도 하다. 상대는 지금 대화가 잘 안 된다. 흥분해서 자기 생각의 파편을 조금씩 보여줄 뿐이다. 대개 이런 상대에게는 야단을 치게 된다. "너 지금 무슨 말을 하고 있는 거야? 네가 책임을 질 거냐고! 너만 일해? 애꿎은 현정이는 왜 들먹여? 그래, 네가 나빠. 너만 못됐어. 정신차려, 이것아!" 같은 멘트가 일반적인데, 이런 식으로 야단을 치면 상대는 더 퇴행하게 된다. 결국 둘의 사이는 더 엉망이 되어 골만 깊어진다.

위 대화 속 사람처럼 상대가 원하는 포인트를 잘 잡아서 하고 싶어하는 말을 정리해줘야 한다. 정말 상대가 하고 싶었던 말인 경우 호응이 생긴다. 그것을 긍정하는 동시에 듣기에 나쁘지 않은 단어를 잘 선택해서 상대의 문제도 같이 거론하고, 상대가 미처 정리하지 못한 생각까지 정리해서 결론까지 내려준다. 결국 상대를 원하는 쪽으로 유도할 뿐 아니라, 스스로 이미지도 좋게 유지할 수 있다.

일단 긍정하라

"언니가 나한테 잘해준 게 뭐 있어? 해주는 것도 없이 왜 나한테 난리야?"

"왜 내가 잘해준 게 없니? 어제만 해도 너한테 밥 샀잖아?"

"밥 산 것 가지고 유세야? 밥 사면 나한테 이래라저래라 해도 돼?"

"그럼 너한테 얼마나 잘해줘야 하는데?"

"누가 잘해래? 나한테 상관하지 말란 말이야! 관심 끄라고!"

"남한테 피해를 주는데 어떻게 상관을 안 하겠어?"

"피해? 그럼 내가 가해자냐? 아주 웃겨. 내가 물건 가져갔다고? 그거 걔도 괜찮다고 했거든?"

"걔가 괜찮지 않다고 했거든. 네가 하나하나 틀린 소리만 하는데 어떻게 말을 안 하니?"

상대가 말도 안 되는 논리로 우길 때는 참 대하기가 힘들다. 워낙 어이없는 얘기만 하니 맞다고 해줄 수도 없고, 틀리다고 하면 트집 잡고 화만 내니.

이럴 때는 어떻게든 상대의 말을 긍정해보려고 애써야 한다. 긍정하려고 안간힘을 써도 할 수가 없다는 말은 변명에 불과하다. 긍정할 구석이 눈곱만큼이라도 있다면 그 부분에 대한 얘기를 해야 한다. 일단 긍정해주다 보면 상대는 조금씩 진정되기 시작한다. 트집 잡을 것이 없기 때문이다. 단순히 상대의 '말'을 보지 말고 '의도'를 읽어야 이길 수가 있다.

위 대화의 다른 버전을 살펴보자.

"언니가 나한테 해준 게 뭐 있어? 해주는 것도 없이 왜 만날 난리야?"

"음……. 네 맘에 들게 해주지는 못했던 것 같네."

"근데 왜 이래라저래라 해?"

"네 언니잖아."

"언니건 말건 나한테 상관하지 말란 말이야!"

"가능한 한 상관하지 않을게. 하지만 남한테 피해를 준다면 얘기할거야. 그걸 상관이라고 하면 안 돼."

"내가 무슨 피해를 줘? 아니, 내가 물건 가져갔다고? 그거 걔도 괜찮다고 했거든?"

"미안한데, 걔가 괜찮지 않다고 했어. 둘 사이에 오해가 있는지는 모르겠지만, 물건 주인이 아니라고 하는데 빌리는 사람 입장에서 고집할 일은 아니지 않을까?"

이런 식으로 긍정할 부분을 찾아내어 얘기를 하다 보면 상대의 분노는 점점 잦아들게 된다. 달래면서 칭찬도 해주고, 져주는 것처럼, 원하는 걸 들어줄 것처럼 하면 상대는 스스로 모순에 빠진다. 나중에 다른 가족에게는 "언니한텐 이길 수가 없어' 같은 말을 하고 있을 것이다.

내 잘못부터 이야기하고 시작하라

"너 지난번에 하겠다고 한 거 안 했지?"
"지난주에 일이 굉장히 많더라고. 하긴 했는데, 양이 너무 많아서……."
"괜찮아. 나도 다 못했어. 흐흐."
"아, 그래?"
"너 다음에 올 때는 꼭 다 해놔야 한다? 안 그러면 용식이 화낼걸."
"알았어, 알았어. 진짜 다음에는 꼭 해올게."

이런 식의 대화는 상대의 문제점을 지적하려 할 때 방어적으로 나오거나 혹은 너무 자책을 하는 경우 사용하면 좋다. 환자들이 나와 약속한 것을 지키지 않고 어물쩍 넘어가려는 걸 볼 때마다 지적을 하는 한편 "저도 이해합니다. 살 빼야지 하면서 버틴 지 수십 년이에요. 약속했다고 한번에 지키면 사람도 아니죠" 같은 멘트를 해주면 상대의 죄책감을 좀 덜어줄 수 있다.

주변사람과 말이 안 통한다면 자기에게 문제가 있다

"전 지지리 복도 없어요. 어릴 때는 부모님이 저를 차별했어요. 어릴 때도 엄마한테 참 많이 맞고 살았죠. 엄마가 착한 분이긴 해요. 저하곤 잘 지냈어요. 오빠하고는 원래도 썩 좋은 건 아니지만 요즘 유산문제 터지고 나쁜 게 더해요. 자기 욕심만 차리고. 아니, 아파트가 내 명의로 되어 있으면 일단 내 것 아니냐고요. 오빠가 되어가지곤 동생에게 베풀 줄도 모르고. 휴……. 부모형제 복이 없는데, 남편 복은 있겠어요? 남편은 무뚝뚝하고 고집만 피워요. 나도 바가지 많이 긁었죠. 남편도 고생 많이 했어요. 근데 남편은 꿈쩍도 안 해요. 아이들하고도 요즘은 사이가 안 좋고. 왜 이러는지 모르겠어요."

"그럼 그 아파트는 혹시 부모님한테 본인 명의 빌려주신 건 아닌가요?"

"예? 아니, 빌려줬는… 아니, 빌려준 게 아니라 제 것이죠. 제 이름인데."

"지금 본인 입으로 빌려줬다고 하고 계신데."

"아니란 말예요."

무슨 말인지 알아듣겠는가? 이런 식으로 말하는 분들을 자주 만날 수 있다. 주제가 중구난방인 건 그렇다 치고, 상대를 비난하고 싶은 건지 동정하는 건지 말의 뉘앙스가 너무 자주 바뀌면 듣는 사람이 상대의 마음을 이해하기가 무척 어렵다.

더구나 자기가 한 말조차 순간순간 부정한다. 의사와의 면담도 이럴진대 가족과의 대화는 어떻겠는가? 이런 식의 사고와 대화로는 가족이 아니라 친구 사귀기도 힘들 것이다. 이 분은 처음으로 자신에 대해 의심을 품고, 오늘 집에 가서 남편에게 내 말투가 어떤지 물어보겠다고 했다(뭐, 그리 신용하지는 않는다).

'내 탓이오' 라는 선언은 사람들과의 대화에 꼭 들어맞는 공식이다. 상대의 분노와 웃음이 모두 나의 말투에서 기인한다는 사실을 믿어보라. 이상하게 상황이 자꾸 꼬일 때 나에게 문제가 있다고 가정해보면 '묘하게 그럴싸해지는데' 하는 생각이 들 것이다. 그때 갑자기 머리를 가로저으며 '아냐, 아냐. 그럴 리 없어' 하지 말고, 제발 끝까지 생각해보자.

평소 대화훈련을 하라

"자기, 어제 몇 시에 들어왔어?"

"어? 1시쯤 들어왔는데."

"웃기시네. 내가 어제 3시에 잤는데?"

"아이 참, 나 바쁜 거 알잖아. 어제도 용식이랑 술 마시다가 늦은 거야."

"용식 씨는 집에 안 들어가? 왜 새벽 늦게까지 술을 먹는 건데? 그리고 왜 거짓말을 해? 수상하잖아! 도대체 새벽까지 뭐하다가 들어온 거야?"

"내가 노는 줄 알아? 술 먹는 것도 다 일이라고. 집에서 편안하게 지내면서 뭐가 불만이야?"

"내가 집에서 놀아? 나도 집안일 하느라 바빠! 술 먹고 여자들 끼고 노는 게 일이냐? 응?"

"무슨 여자를 끼고 놀아! 말이면 다야?"

"말이면 다다, 어쩔래? 그래. 어린 여자들이랑 놀다 보니 내가 사람으로도 안 보이지? 쳇! 쳐보라고!"

"에잇!"

쓰다 보니 속에서 막 올라온다. 위의 대화는 아마 자연스럽게 술술 읽힐 것이다. 그만큼 친숙한 대화다. 저렇게까지 하진 않는다는 분도 많겠지만, 문제는 정말 저러는 분들이다. 평소 자신의 불만을 어떻게 말해야 할지 생각해보지도, 조언을 구하지도 않았던 분들. 준비 없이 어떤 상황에 처하면 우리는 나도 모르게 익숙하게 봐왔던 TV드라마를 재현하곤 한다. 수많은 부부싸움, 직장 내 갈등, 사회에 떠도는 SF 수준의 음모론 등도 알고 보면 TV 드라마 흉내 내기인 경우가 많다.

위의 대화에는 어떤 문제가 있는가? 남편이 밤늦게 술 먹고 들어온 것은 의심받아도 싸다는 걸 확실히 해둔다. 그러나 부인의 어법에는 상황을 악화시키는 요소들이 포함되어 있다. 먼저 애매한 시간을 물어 상대가 거짓말을 하도록 유도했다. 기선을 잡는 좋은 방법일 수도 있지만, 거짓말을 했다는 이유로 너무 구석으로 몰면 상대는 더 거짓말을 하거나 억지를 피울 가능성도 높다는 점을 감안해야 한다. "나는 3시에 잤는데?" 하고 가만히 기다려서 상대가 스스로 고개를 숙이도록 해야 한다. 상대의 자발적인 변화를 유도하는 것이 부부싸움의 핵심이다.

두 번째는 늦게까지 술 먹은 문제에서 시작하여 여자문제까지, 나가도 너무 나갔다. 상대를 추궁할 때는 작은 죄부터 털어놓게 하는 쪽이 좋다. 너무 큰 죄부터 시작하면 상대는 부인한다. 위에서도 여자문제를 갑자기 꺼내려면 오히려 상대가 작은 죄를 인정하도록 유인하는 방법을 써야 한다. "새벽 늦게까지 있으려면 여자 나오는 데 가야 할 텐데?"라고 말한 후 기다리면, 대개 "아냐. 포장마차에서 먹었어" 정도로 나온다. 이때 "그럼 앞으로 의심 안 받으려면 어떻게 해야 할 것 같아?"로 끝내주면 남편은 정신적으로 굴복할 수밖에 없다.

세 번째, 남편이 부인의 자존심을 상하게 하는 부분이다. "집에서 편하게 지내는 주제에" 같은 말은 상대의 마음에 상처를 주어 대화를 중단시키려는 수작이다. 이런 식의 판을 뒤엎으려는 시도를 불식시키고 현재의 쓰리고 판을 유지하려면 어떻게 해야 할까? 남편의 말도 안 되는 논리에 응하면 안 된다. 상대가 너무 어이없는 얘기를 할 때는 그냥 무시하고 자신의 얘기를 계속하는 것이 좋다. "새벽까지 뭐하고 다녔는지 얘기해달라니까?" 혹은 "응. 집에서 놀게 해줘서 참 고마운데, 내가 궁금한 건 새벽까지 뭐 했는지야"라고 상대의 말을 빈정거리듯 빨리 인정해버리는 게 좋다. 상대의 비논리적인 공격에 일일이 응하면 이미 휘말려버린 것이다.

네 번째, "때려라, 때려" 같은 말이다. 때리라는 말은 사실은 때릴까 봐 무서워서 미리 얘기하는 것에 불과하다. 이렇게 말하는데 때리면 낭패인 거고, 대개는 때리지 않고 투덜거리며 대화를 중단하고 도망가게 된다. 사실은 부인도 무의식중에 그런 결과를 예상하고 던지는 말이다. 충동적으로 분노를 표출하다가 대책이 서질 않으니 종결을 지으려는 것이다. 그런데 정말 이런 식으로 대화를 끝맺고 싶은가? 오히려 상대를 너무 자극하지 말고 차근차근 캐나가는 것이 더 이득이지 않았을까?

위의 경우 잘못은 남편이 했지만, 대화에서의 실수는 부인이 했다. 부인은 파국으로 끝날 수밖에 없는 수를 계속 뒀고, 남편은 판을 엎는 역할을 맡을 수밖에 없었다. 소위 현명한 싸움이라는 것은 상대에게서 내가 원하는 반응이 나오도록 유도해야 하는 것인데 말이다.

만약 여러분 중에 '나도 누군가와 이야기를 하다 보면 꼭 싸움으로 끝난다' 라는 생각이 드는 분이 있다면, 한번 바둑 복기하듯이 머리에서 찬찬히 당시 상황을 정리해보기 바란다. 만약 늘 내가 하는 말 한마디를 바꿔본다면 어떻게 될까? 꼭 해야 할 말 같았지만, 정말 그것이 필요한 수였을지 생각해보고 다른 말 한 마디를 준비해두자. 내가 항상 하는 그 말을 피할 수만 있다면 상대의 대응도 달라질 것이다.

반대로 항상 즐겁고 좋게 끝나는 대화를 나누는 상대가 떠오른다면, 왜 그런지 같은 방법으로 대화를 복기해보라. 의외로 내가 훌륭한 자제심을 가지고 사려 깊은 단어를 선택한다는 사실을 알게 될 것이다. 그리고 나서 그런 단어와 표현이 항상 나올 수 있도록 노력한다면, 삶에서 말 때문에 괴로움을 당할 일은 없지 않을까?

더 나은 나, 더 행복한 관계를 위하여

인간 삶의 목표는 무엇일까? 살아가며 더 나은 인간이 된다는 것은 무엇일까? 수많은 이들이 그러했듯이 나도 잘 모른다. 분명한 것이 있다면 내게 괴로움이 있고, 그것이 싫다는 것이다. 그걸 피하기 위해 산다. 죽는 것도 두렵다. 죽은 뒤에 어떻게 될지 알게 뭐람.

그렇다면 괴로움은 무엇인가? 일단 못 먹고, 못 자고, 못 사는 괴로움이 있다. 솔직히 이게 제일 중요할 것이다. 이를 충족하고 나면 정신적 괴로움이 생긴다. 정신적인 괴로움은 대개 갈등에 의한 것이다. 내 안의 수많은 개념충돌 그리고 타인과의 의견충돌이 여기에 해당한다.

일단 삶의 목표를 아주 솔직하고도 단순하게 '편하고 즐겁게 살자'로 잡자. 더 나은 나란 '타인보다 더 우월한 사람'이라고 치자. 그것은 내가 타인보다 더 많은 능력, 재산, 지식을 가졌다는 것이고, 내가 무엇인가를 많이 소유했다는 뜻이다.

그런데 많이 소유하면 무엇이 좋은가? 남들이 굽실거려서? 물건을 많이 살 수 있으니까? 잘난 척할 수 있어서? 아니다. 경험해본 자들은 안다. 그런 것들은 여러 번 해보면 지겨울 뿐이다. 오히려 많이 소유하면 좋은 이유는 내가 남에게 굽실거릴 필요가 없고, 물건을 사달라고 조를 필요가 없고, 무시당하지 않을 수 있어서이다. 이 사실은 여러분도 알고 있다. "돈이 인생의 전부는 아닌데, 있으면 편해"라는 말에는 소유하고 있으면 구차할 필요가 없으므로 편하다는 의미가 들어 있다.

이런 점에서 더 나은 인간은 누구에게 기대거나 의지할 필요가 적다. 완벽하게 의지하지 않는 사람은 없겠지만, 그래도 그 정도가 최소한이라는 것이다. 어떤 사람은 주변사람에게 해달라고 조르고 해주지 않으면 분노하여 모두를 힘들게 하지만, 어떤 사람은 홀로 걸어가고 홀로 해내며 폐를 끼치지 않는다.

그렇다면 인간관계를 끊고 혼자 조용히 살면 될까? 아니다. 인간에 대한 불신에 사로잡혀 콤플렉스 덩어리로 지내는 사람이라면 애초에 글렀다. 인간은 성장해가며 주변사람들로부터 수많은 빚을 진다. 밥, 옷, 육체(나의 육체는 부모님의 유전자를 바탕으로 수많은 동물과 식물의 희생으로 만들어졌다)를 비롯, 생각과 깨달음까지도 타인과의 상호작용을 통해 만들어진 것이다. 이 빚을 갚지 못한 찝찝함은 어떻게 할 것인가. 이 사실을 자각하는 순간 갑자기 삶은 불편해진다.

이제 누군가에게 베푸는 삶을 살기로 한다. 이때 베풂은 돈으로 하는 기부일 수도 있고, 일을 열심히 하는 것일 수도, 후배를 잘 가르치는 일일 수도 있다. 우습게도 베풂이 타인을 괴롭게 만들기도 한다. 나도 환자에게 열심히 하면 할수록 그들이 더 힘들어하면서 나를 미워하는 일을 수도 없이 겪었다. 하지만 그것이 타인에게 결국 이득이 될 것임을 알면 멈추기는 힘들다.

그럼에도 불구하고 베푸는 행위를 멈추면 어떻게 될까? 내 베풂으로 인해 어떤 이는 목숨을 살릴 수 있다는 것, 아니 내 말 한마디가 최소한 상대에게 자극이 될 거라는 걸 알면서도 행위를 멈춘다면? 몸은 편해질지도 모른다(일단 두통과 불면증은 없어지겠지). 하지만 그때부터는 정신적 모순이 자신을 덮치기 시작한다. 사실 이것은 육체의 괴로움보다 고차원적인 정신의 괴로움이다.

이를 해결하는 제일 쉬운 방법은 '아무 생각 안 하기'다. 어떤 종류의 편견에도 빠지면 된다. 어떻게든 자신을 정당화시킬 수 있는 근거를 만들어 타인을 악한 사람으로 만들고 나를 선한 사람으로 사칭하면 된다. 이는 아주 기본적인 방어법으로서 왜 이따위로 진화되었는지는 몰라도 효율적이라는 점에서는 칭찬해줄 만하다.

이렇게 아무 생각하지 않으면서 천수를 누리는 데 성공한다면 괜찮은데, 문제는 세상이 나를 가만히 내버려두지 않고 계속 자극한다는 데 있다. 예민한 사람일수록 스스로가 가진 모순을 견뎌내지 못한다. 나는 지금까지 열심히 일하고 남을 위해 봉사했으며 공부도 열심히 했고 겸손하기조차 했다. 그런데도 어딘가 허전한 이 마음은 도대체 무어란 말인가?

자신의 판단에 의심이 드는 순간, 그동안 '난 이해가 안 돼'라고 머리 한쪽에 묻어놨던 생각들이 떠오르기 시작한다. 내가 무지해서 오해하는 것이 아닌가? 실은 내가 악하고 남이 선한 것은 아닌가? 그러나 스스로 모든 것을 아는 데 한계를 깨닫고, 이 세상을 내 눈으로 아닌 객관적인 시선으로 보려고 노력한다. 그런 한편 자신이 내리는 결론들에 대해 끊임없이 의심한다.

객관적인 시선을 형성하기 위한 제일 쉬운 방법은 무엇일까? 내가 내린 결론의 정반대 결론을 받아들이는 것이다. 내가 싫어하는 것을 좋다고 하는 사람들이 있다. 그들의 생각까지 이해하지 못하면 여전히 나는 스스로의 편견 안에 살게 된다.

조금씩 진실을 알아가는 것 같다. 벌써 수십 년째 자신을 다스리고자 노력해왔고 많은 성과도 있었다. 자, 이제부터 또 다른 갈등이 시작된다. 노력에 비해 성과의 양이 너무나 작기 때문이다. 존재의 모순이 너무나도 거대하여, 내 힘으로는 해결하지 못한다는 한계를 느끼기도 한다. 오래 살아봐야 100년. 그나마 50살 이상이 되면 판단력도 저하되고 근력도 떨어지지 않던가.

종교에 귀의한다. 어떤 사람은 신비로운 경험을 하기도 하고, 어떤 사람은 의지할 누군가를 찾아내기도 한다. 누군가는 여태껏 해온 자기 정진을 극도로 밀어붙인다. 밤을 샌 명상 끝에 깨달음을 얻기도 한다.

자, 여기까지가 나의 상상이다. 더 나은 인간이라는 것은 첫 번째로 무엇이든 많이 소유한 인간. 두 번째로 독립적인 인간. 세 번째로 남에게 베풀 수 있는 인간. 네 번째로 스스로에게 모순이 없는 인간. 다섯 번째로 그 모순을 무시하지 않는 인간. 여섯 번째로 모순이 없을 수 없다는 것을 깨닫고 스스로 부족함을 알아 겸손한 인간. 일곱 번째로 그럼에도 불구하고 여전히 그 길을 밟아가는 인간. 그리하여 모순을 통합해내며 조각난 정신의 파편들을 맞춰가는 인간. 이것이 정상적인 인간이라면 밟아가야 할 과정이라고 생각한다.

왜 그래야 하나? 그것이 꼭 인간의 목표라기엔 좀 이상하지 않은 가? 맞다. 얼마든지 잘못된 이야기일 수 있다. 나라는 사람은 태생적 · 계층적 · 성격적 · 직업적 한계가 분명한 사람이다. 나라는 줍디 좁은 사람의 관심사가 뭐 그렇게 객관성이 있겠는가?

혹시 아는가? 열심히 마음을 닦으며 고생이란 고생은 다했더니, 그냥 밥이나 열심히 먹고 기도문 열심히 외는 게 남는 것일 수도. 하지만 분명한 것은 있다. 지금까지 나는 우리가 가진 수많은 착각에 대해 얘기했다. 하도 착각을 많이 해서 나는 내 어디까지가 나인지조차 구분이 가질 않는다. 그런데 세상엔 자기 생각이 옳다고 우기는 사람들투성이니 시큰둥하다. "나는 이런데 당신은 안 그렇소?" 하고 물어보고 싶을 뿐이다. 나는 그저 그런 단계에 있는 사람이다. 아마도 내 위에서 나를 내려다보는 사람들에겐 부끄럽지만, 견디다 보면 다음 단계로 올라갈 수 있겠지.

아, 이전 책을 낼 때 그렇게 힘들었건만 출산의 고통을 잊고 또 이번 책을 썼다. 읽어주신 분들에게 감사의 마음을 전한다. 조금이나마 도움이 되었으면 한다. 바쁜 와중에도 열심히 키보드를 두드린 내게도 약간의 격려를 남긴다. 내일부터는 밴드에 좀 신경 써야겠다.

지은이 _ 송형석

날카로운 말투로 친절한 해법을 제시하는 일명 '족집게 의사' 송형석. 마음과마음 정신과의 대표 원장을 맡고 있는 그는 MBC 〈무한도전〉의 '정신감정편'에 출연하면서 멤버들의 심리를 날카롭게 분석하는 것은 물론 행동패턴까지 정확하게 예측하면서 시청자들의 뜨거운 호응을 샀다. 이후에도 여러 방송을 통해 특유의 논리적인 설명과 유쾌한 입담을 과시하며 심리학 및 정신분석의 대중화에 앞장서고 있다.

고려대학교 및 동 대학원을 졸업하고 동 대학병원 정신과를 수료했으며, 청소년 및 수면 전공 박사학위를 취득했다. 청소년 가운데 주로 문제 학생을 성공적으로 상담하여 선생님들이 추천하는 정신과의사로 정평이 나있다.

위험한 관계학

1판 1쇄 발행 2010년 11월 10일
1판 12쇄 발행 2014년 5월 15일

지은이 송형석
발행인 고영수
발행처 청림출판
등록 제406-2006-00060호
주소 135-816 서울시 강남구 도산대로 38길 11(논현동 63)

413-120 경기도 파주시 회동길 173(문발동 518-6) 청림아트스페이스

전화 02)546-4341   **팩스** 02)546-8053

www.chungrim.com
cr1@chungrim.com

ISBN 978-89-352-0850-0 03320